体育强国建设实现路径研究

曲俊义 ◎ 著

中国戏剧出版社
CHINA THEATRE PRESS

图书在版编目（CIP）数据

体育强国建设实现路径研究 / 曲俊义著. -- 北京：中国戏剧出版社，2024.7. -- ISBN 978-7-104-05553-2

Ⅰ. G812

中国国家版本馆 CIP 数据核字第 20249N99H4 号

体育强国建设实现路径研究

责任编辑： 肖　楠
项目统筹： 李　静
责任印制： 冯志强

出版发行	中国戏剧出版社	
出 版 人	樊国宾	
社　　址	北京市西城区天宁寺前街 2 号国家音乐产业基地 L 座	
邮　　编	100055	
网　　址	www.theatrebook.cn	
电　　话	010-63385980（总编室）	010-63381560（发行部）
传　　真	010-63381560	

读者服务：010-63381560
邮购地址：北京市西城区天宁寺前街 2 号国家音乐产业基地 L 座

印　　刷	天津和萱印刷有限公司
开　　本	787mm×1092mm　1/16
印　　张	11
字　　数	200 千字
版　　次	2024 年 7 月　北京第 1 版第 1 次印刷
书　　号	ISBN 978-7-104-05553-2
定　　价	66.00 元

版权专有，违者必究；如有质量问题，请与出版社联系调换。

前　言

　　随着我国综合国力的不断提升，建设体育强国成为我国体育事业发展的重要目标，同时，体育强国梦也是中国梦的重要组成部分，是实现中华民族伟大复兴的重要内容。建设体育强国不仅是一个国家体育实力吸引世人眼球的标志，也充分彰显这个国家具备体育"筑梦"的能力。在体育强国梦想的树立、追逐与实现过程中，我们既可丈量体育发展的脚步，也在标注社会前行的轨迹。体育强国梦勾勒出运用体育功能服务于民健国强的宏伟蓝图，符合国家利益，彰显民族需要，满足国民意愿。建设体育强国引领着人民为强国富民的目标而进行艰辛探索和不懈奋斗；建设体育强国既砥砺筋骨皮，又淬炼精气神，内强国民素质，外树大国形象；建设体育强国为国家富强增添豪气，为民族振兴增强骨气，为人民幸福增加底气。

　　在建设体育强国的进程中，面对社会思想观念和价值取向的多元多变、主流文化和非主流文化交融、社会思潮盘根错节的局面，要想坚定不移地走好中国特色社会主义道路，培育和践行社会主义核心价值观，既需要夯实良法善治的制度框架，也需要筑牢矢志不渝的共同思想基础；面对中国经济发展进入新常态和国际体育发展环境新形势，要想嵌入新发展理念、加快转变体育发展方式，更好地保障和改善体育民生、促进社会公平正义，既需要促进改革创新的制度引领，也需要奠定具有高度共识的思想基础；面对改革进入攻坚期和深水区、各种深层次矛盾和问题不断呈现、各类风险和挑战不断增多的新形势，既需要提高体育制度建设顶层设计的能力水平，提升抵御各种风险的能力，也需要筑牢团结奋进、一往无前的共同思想基础。当前，世界范围内各种思想文化不断交流交融交锋，在全球体育治理和国家体育治理体系现代化的进程中，要用科学完善的体育制度引导我国建设体育强国的步伐，增强体育文化软实力，提高中国在国际体育领域的话语权。要以中华体育精神为模板，把中华优秀传统文化之魂牢固附在体育强国之体上，使继承中华优秀传统文化与彰显改革创新一脉相承，助推中国体育文化创新成果——中华体育精神发扬光大，将博大精深的中华优秀传统文化与中华体育精神深度融合，以夯实中国体育发展的根基。瞩望五洲，我们在世界体育舞台中央纵横捭阖；扎根沃土，我们在建设体育强国中再奏凯歌。

笔者眼前时常浮现这样的体育强国愿景：群众体育辐射面广且受益程度深，竞技体育成绩突出且话语权强，体育产业满足各层次需求强且龙头产业活力足，体育文化引领作用大且外溢效应好。实现体育强国梦，群众体育是根，要根深叶茂；竞技体育是梦，要梦想成真；体育产业是源，要源远流长；体育文化是魂，要凝魂聚力。建设体育强国昭示着每一位中国梦的筑梦者和追梦人的寻梦之志、追梦之力、逐梦之行、圆梦之恒都要建立在身心健康的基础之上。

本书共七章，由浅入深地展开对体育强国建设的论述。第一章是体育强国建设概述，从体育强国建设的概念入手，介绍了其发展背景，并就其中的问题加以分析；第二章阐述的是体育强国建设相关的理论指导与制度支撑，基于体育强国建设的战略定位，指出以人民为中心的体育强国建设方向，并简述与其有关的制度保障；第三章是关于体育强国实现路径之体育文化建设，从体育文化及其软实力入手，介绍了体育文化的发展情况以及体育文化模式的构建，进而阐述了体育文化建设实现体育强国的路径；第四章是关于体育强国实现路径之体育产业建设，简要介绍了体育产业的相关理论知识和建设目标，并阐明了体育产业建设实现体育强国的路径；第五章是体育强国实现路径之群众体育建设，叙述了群众体育的相关知识和发展概况以及群众体育建设实现体育强国的路径，并阐述了群众体育与体育强国协调建设路径；第六章为体育强国实现路径之竞技体育建设，从竞技体育概述入手，介绍了其发展的现状及问题，剖析了体育强国建设与竞技体育的关系，阐述了竞技体育建设实现体育强国的路径；第七章是体育强国实现路径之学校体育建设，以学校体育概述为基础，说明了学校体育发展的现状及问题，厘清了体育强国建设与学校体育的关系，并分析了学校体育建设实现体育强国的路径。

在撰写本书的过程中，笔者参考了大量的学术文献，得到了许多专家学者的帮助，在此表示真诚的感谢。本书力求内容系统全面，论述条理清晰、深入浅出，但由于笔者水平有限，书中难免有疏漏之处，希望广大同行及时指正。

曲俊义

2023 年 12 月

目 录
CONTENTS

前　　言 ……………………………………………………………… 001

第一章　体育强国建设概述 …………………………………………… 001
　　第一节　体育强国建设的概念 …………………………………… 002
　　第二节　体育强国建设的发展背景 ……………………………… 003
　　第三节　体育强国建设中的问题分析 …………………………… 012

第二章　体育强国建设的理论指导与制度支撑 ……………………… 020
　　第一节　体育强国建设的战略定位 ……………………………… 021
　　第二节　以人民为中心的体育强国建设方向 …………………… 024
　　第三节　体育强国建设的制度保障 ……………………………… 029

第三章　体育强国实现路径之体育文化建设 ………………………… 032
　　第一节　体育文化与体育文化软实力 …………………………… 033
　　第二节　体育文化的交流与发展 ………………………………… 038
　　第三节　体育文化模式的构建 …………………………………… 042
　　第四节　体育文化建设实现体育强国的路径 …………………… 046

第四章　体育强国实现路径之体育产业建设 … 056
第一节　体育产业概述 … 057
第二节　体育产业建设的目标 … 082
第三节　体育产业建设实现体育强国的路径 … 083

第五章　体育强国实现路径之群众体育建设 … 088
第一节　群众体育概述 … 089
第二节　群众体育发展概况 … 095
第三节　群众体育建设实现体育强国的路径 … 100
第四节　群众体育与体育强国协调建设路径 … 102

第六章　体育强国实现路径之竞技体育建设 … 107
第一节　竞技体育概述 … 108
第二节　竞技体育发展现状及问题 … 125
第三节　体育强国建设与竞技体育的关系 … 131
第四节　竞技体育建设实现体育强国的路径 … 132

第七章　体育强国实现路径之学校体育建设 … 138
第一节　学校体育概述 … 139
第二节　学校体育发展现状及问题 … 142
第三节　体育强国建设与学校体育的关系 … 155
第四节　学校体育建设实现体育强国的路径 … 156

参考文献 … 163

第一章　体育强国建设概述

本章密切联系体育强国战略的背景，对体育强国相关概念、体育强国建设的发展背景、体育强国建设中的相关问题进行全面解析，力求进一步夯实体育强国的理论基础，为体育强国战略目标的实现提供理论指导。

第一节　体育强国建设的概念

自从体育强国战略提出以来，专家和学者就没有停止过对其的探讨和研究。从字面上看，体育强国是一个相对的、定性的概念，其真正的含义和衡量标准，是在不断探索和辩论中逐渐明晰的。这个概念的实质，是理解和评估一个国家体育事业发展的重要工具。

首先，我们需要理解什么是体育强国。这并不仅仅是指在各种体育赛事中的奖牌数量遥遥领先，更重要的是一个国家对体育事业的全面投入和持续发展，包括体育基础设施的建设，体育教育的普及，以及全民参与体育活动的热情等。换句话说，体育强国不仅看一个国家在国际体育比赛中的表现，更要看其国内体育环境和氛围的综合体现。

其次，如何衡量一个国家是不是体育强国，是一个涉及多个因素和维度的复杂问题。奖牌数量无疑是一个重要的指标，但绝非唯一。体育设施的普及率，青少年的体育参与度，甚至国民的整体健康水平等，都是衡量一个国家是不是体育强国的重要参考依据。在实现向体育强国迈进的目标过程中，我们必须全面考虑这些因素，而不能仅仅看重奖牌的数量。

再次，我国提出建设体育强国的战略目标，并不意味着我国忽视了体育大国的重要性。事实上，体育大国是实现体育强国的基础。没有庞大的参与人群和广泛的体育基础，就无法孕育出高水平的运动员和队伍，也无法在国际赛事中取得优异的成绩。因此，在追求体育强国的同时，也不能忽视对体育大国的建设和发展。

最后，"强"和"弱"是相对的。在体育领域，"强"意味着高水平的运动表现，广泛的参与度，以及良好的体育环境和设施。而"弱"则可能意味着在以上方面的不足和缺乏。我国之所以提出加快建设体育强国的目标，就是希望改变自身在某些方面的"弱"，使我国的体育事业更加"强"。

总的来说，体育强国不仅是一个目标，更是一个持续追求和实践的过程。它需要人们对体育有深刻的理解和热爱，对体育事业有全面的投入和持续的努力。只有这样，我国才能真正实现建设体育强国的目标，使我国的体育事业达到新的高度。

综合分析针对体育强国概念提出的观点会发现，这些观点有三个方面的共同特征：第一，体育强国代表着国家体育综合实力，是一个多维的概念；第二，我国目前还不是体育强国；第三，体育强国是指体育综合实力位居世界前列的国家。基于这些观点，本书将体育强国的概念概括为：体育强国是指群众体育、竞技体育、体育产业、学校体育、体育文化等体育综合实力位居世界前列的国家。

第二节 体育强国建设的发展背景

针对体育强国的发展背景，本节着重对中国体育发展现状、国外体育发展现状、中外体育发展水平的异同加以阐析，力求在着眼于世界的基础上解析体育强国建设的发展背景。

一、中国体育发展现状

（一）我国体育发展的历程回顾

一直以来，我国体育都和国家战略以及政治需求存在着不可分割的关系，这是由体育领域独特的价值与功能决定的。体育因为超越了身体教育与竞技运动的范畴，而被称为全世界通用的"语言"，拥有可以改变世界的"力量"，因此体育也在一定程度上反映了一个国家政治、经济、文化等方面的综合实力。自中华人民共和国成立以来，我国体育事业取得了巨大的发展，同时逐步形成以竞技体育为龙头、以"举国体制"为发展制度的战略部署，由此获得的成绩得到了世界各国的称赞。

从总体上看，我国体育发展受到政治经济改革的影响，从最初的追求"金牌至上""为国争光"战略，以拓展体育的政治功能为主体，发展到今天追求科学可持续发展，关注人们健康水平，究其本质是实现了"由物及人"的转变，即由关注金牌成绩向关注人类自身发展方向的转变。"由物及人"的转变也是体育本质属性的呈现。同时，我们也必须清醒地看到中国社会正处于转型期，政治和经济体制的改革仍在继续，体育发展方式的转变才刚刚开始，还存在着诸多问题。从发展社会学的视角来看，我国体育走的是以国家和政府为动力的外生式发展之路，这种集中力量办体育的"举国体制"举措，造成了体育发展结构的不均衡，体育发展成本高而且可持续性差。这种体制结构已经不适应我国建设体育强国的发展要求，转变体育发展方式成为实现体育强国战略的必要途径。

(二)竞技体育发展现状

1. 竞技体育管理运行机制

以政府管理机制为主是我国竞技体育管理的主要模式,国家体育总局下设20个运动项目管理中心,这20个运动项目管理中心管理着55个单项协会和联合会。国家体育总局下属的竞技体育司是我国竞技体育的直接管理机构。各个运动项目管理中心作为国家体育总局的直属机构遵照国家体育总局的授权负责提高该项目的运动水平,做好国家高水平运动队以及竞赛管理、组织、监督等工作。除此之外,我国体育社会组织也不同程度地承担着竞技体育的管理工作和组织工作,不但是中华全国体育总会的团体成员,而且归属于运动项目管理中心的指导,是赛事组织工作和赛事管理工作的承担者之一。

我国体育管理的运行机制经历了由计划经济体制下的体育管理运行机制向市场经济管理体制下的运行体制再向社会化、职业化趋势转变的过程。随着改革开放的深入,我国实行了以市场竞技体育为背景的体育管理运行机制,尤其是党的十四大以后,国家体育运动委员会于1993年下发了《国家体委关于深化体育改革的意见》,进一步强化了竞技体育的宏观控制,并于1995年发布《奥运争光计划纲要》,有效完善了项目管理机制,使协会逐步实体化,逐步推进了竞技体育赛制向多元化、市场化转变,并以足球为试点推进了我国竞技体育的职业化发展。经过了一系列的深化改革,我国竞技体育市场化配置基本形成,同时《中华人民共和国体育法》(以下简称《体育法》)等有关体育法规条例的颁布,使我国的体育管理由计划经济时期的行政命令管理方式向"依法治体"方向转变。成功举办2008年北京奥运会后,在竞技体育方面取得的优异成绩在一定程度上促使我国进一步提出向体育强国迈进的战略部署。但必须认识到我国当前还不是体育强国的事实,体育强国是一个多维度的概念,群众体育发展落后是造成我国实施体育强国战略遭遇瓶颈的重要原因。基于这一现实状况,我国开始重新审视体育发展的道路,并在此基础上提出了"转变体育发展方式,促进体育事业科学可持续发展"的战略设想。目前,竞技体育发展的市场化和社会化已经成为国家体育发展的必然趋势,我国竞技体育管理正逐步与国际接轨,向着社会化和市场化的方向迈进。

2. 竞技体育成绩及优势项目分布

竞技体育在我国体育事业的发展过程中一直占有重要的位置,中华人民共和国成立以来在竞技体育上的辉煌成就奠定了我国体育发展的基础,同时也为实现由体育大国迈向体育强国提供了重要保证。从某种程度上说,我国体育发展过程得益于"举国体制"的运行机制，准确来说应该是竞技体育领域的"举国体制"或者说举全体育系统之力"集中优势资源实现重点突破"，促使竞技体育在较短的时期内实现"跨越式"的发展，使中国竞技体育在短短几十年的时间内跻身奥运强国序列。

综合分析我国竞技体育的综合实力会发现，尽管我国体育代表团在奥运会等赛事中获得的奖牌总数已经位于奖牌榜前列，但我国竞技体育项目发展失衡的问题比较严重，我国的优势项目主要集中在乒乓球、跳水、羽毛球、体操、举重、射击等项目上，在奥运会中的高含金量项目上仍然与世界强国差距很大，部分项目仍然不具备冲击奖牌的实力，甚至不具备进入预赛的实力。

有关统计结果表明，我国奥运优势项目的分布相对集中，在基础项目中的田径和"三大球"项目上不具备夺金实力。尽管我国在田径、"三大球"等基础项目上的水平还与美国等体育强国存在不小的差距，但是从近两届奥运会的成绩来看，我国的竞技体育已经进入有史以来的巅峰时刻，这在一定程度上也奠定了我国在竞技体育上的"体育强国"基础，换言之，正是在竞技体育上取得的成绩夯实了我国向体育强国迈进的实践基础。就当前来说，我国竞技体育领域存在的主要问题是体育项目发展失衡、竞技体育后备人才储备不足、部分体育项目的基础薄弱、体育赛事的市场化程度和社会化程度有待提高。

（三）群众体育发展现状

群众体育也被称为大众体育，其参与对象包括全体社会成员，其目的主要在于增强体质、调节社会情感、丰富余暇生活。群众体育的发展不仅反映一个国家或地区的体育参与状况，更间接地折射出这个国家或地区人们的生活水平和体质健康状况。群众体育的开展是竞技体育的基础，中华人民共和国成立以来，我国一直在理论上将群众体育和竞技体育定位为协调发展、普及和提高的关系，但是由于在实际工作中种种因素的影响，我国在竞技体育上的投入和重视程度一直远远优于群众体育，导致群众体育发展滞后。至今仍然存在着群众体育发展总体水平不高、国民体质下降、城乡和区域发展不均衡、青少年体质下降等诸多问题。

目前，广大人民群众日益增长的体育需求与体育资源相对不足之间的矛盾仍然是困扰我国体育事业发展的主要矛盾。尤其是在群众体育发展领域还存在着诸多问题，如体育公共服务领域的供给不足，在体育场馆建设、体育组织体系的建立、体育健身的科学化等方面与体育强国差距甚远，无法满足广大人民群众的实际需求。

(四)体育产业与科技发展现状

自 2008 年北京奥运会成功举办以来,我国体育事业获得了空前发展,特别是体育产业呈现迅猛的发展态势。在这种大背景下,体育产业的投资主体呈现多元化趋势,体育产业市场日趋成熟,多个国家级体育产业基地先后建立,体育彩票销售额逐年提高。就现阶段来说,我国体育产业的结构体系主要由四个方面组成:体育服务业、体育用品销售业、体育用品生产业以及体育文化创意产业。

在体育科技方面,经过 2008 年北京奥运会的实践,我国体育科技在体育事业中的作用进一步凸显,尤其在竞技体育的训练、恢复、指导、信息等方面发挥了重要的作用。但是,目前我国体育科技成果的转化程度还不够,自主创新意识和能力还有待进一步提升,发达国家的体育科技成果转化生产力的比例较高,而我国的体育科技成果贡献力相对有限。在现阶段,我国体育科技领域着重研究的课题主要围绕五个方面开展:全民健身科学研究,运动项目的规律研究,优秀运动员的特征与竞技能力研究,青少年运动员的选材、训练与培养体制研究,运动损伤与恢复等研究。

从整体来说,我国体育产业和体育科技工作仍然处于发展的初级阶段,具体表现在:体育产业领域仍然面临着政策制度不完善,产业结构不合理;体育文化创意产业处于起步阶段;体育产业的市场规模与影响力有待扩大,管理有待进一步科学化;相关法律法规建设有待进一步完善;体育科技方面的国际影响力有待进一步提高,体育科技成果的自主创新能力不强,体育科技成果的生产力转化程度不够;体育产业中的核心产业疲软,品牌建设不理想;体育科技解决运动实践中关键问题的能力有待进一步增强。

二、国外体育发展现状

下面着重对具有代表性的美国体育和俄罗斯体育的发展现状进行解析。

(一)美国体育发展现状

在世界范围内,美国是当前的经济强国、军事强国、体育强国,自 1986 年起,美国竞技体育成绩就一直位居奥运会总奖牌的前三名。美国的竞技体育总体实力较强,无论是在奥运项目还是非奥运项目上都取得了较好的发展。美国实行的竞技体育人才培养体制是建立在学校体育基础之上的,在以学校为中心的体制下形成小学、中学、大学不同学段体育与教育完全融合的人才培养模式。大学是美国优秀运动员培养的主要阶段，美国的大学体育由全国大学生体育协会（NCAA）负责管理。NCAA是美国全国性的业余体育组织，由来自美国各个高校的约1 200个体育协会组成。NCAA按照一定的原则将大学生的比赛分为三个等级进行，美国的大学生运动队在一定程度上承担着美国竞技体育人才的培养工作，大学体育的蓬勃发展为美国竞技体育储备了大批优秀人才，奠定了美国竞技体育的基础。除此之外，美国不只在竞技体育领域取得了辉煌成绩，职业体育同样在美国得到了大范围推广，体育产业呈现良好的发展态势，群众体育深入人心，体育产业已经发展成为美国的一个支柱产业。

在大众体育发展方面，美国民众对体育有较为深刻的认识，体育锻炼活动已经成为其健康生活方式的一部分，群众体育在美国得到了广泛的普及。根据国家体育总局提供的资料，美国实行"积极体育锻炼"的统计标准，即每周有5天参加体育锻炼，每次锻炼的时间在30分钟以上，锻炼负荷强度达到中等以上，数据显示美国积极参加体育锻炼的人口比例正在逐年攀升。此外，美国的体育场馆设施建设也较为全面和完善，2010年美国人均体育场馆的面积达到16平方米。美国的体育场馆大多数时间向公众免费开放，资料显示2018年美国注册的体育俱乐部已经将近千万家，除此之外，还有一些志愿为民众服务的体育组织，这些组织通过种类繁多的体育比赛广泛吸引着广大民众的参与。美国政府根据国民体质的需要制定了一系列国民健康促进政策，使体育在改变生活方式、丰富文化生活、预防疾病等方面发挥积极的作用。曲棍球、橄榄球、篮球以及大批的非正式（非奥运会）比赛项目成了美国民众之中热门的体育休闲项目。除此之外，学校体育的大范围开展有效夯实了群众体育的基础，美国中小学生参与体育活动的次数和机会较多，大多数中小学生每周参加体育活动的时间在12小时左右。

体育产业是美国经济发展的重要支柱，美国政府把一切与体育相关的领域都列入体育产业的范畴，包括健身产业、体育用品产业、体育赛事组织与推广、职业体育产业等领域。诸多资料都证实，美国是世界范围内职业体育最发达的国家，美国职业体育产生的影响是世界性的。美国拥有篮球、橄榄球、棒球、拳击、自行车、冰球、高尔夫、网球等多个职业体育项目，知名度最高的是美国职业篮球联赛（NBA），它产生的影响遍及全世界，但实际上美国国民对橄榄球运动和棒球运动的关注度要比篮球运动高。

（二）俄罗斯体育发展现状

提到俄罗斯体育，就不得不提到苏联的体育发展。众所周知，苏联曾是体育强国，特别是在竞技体育上可谓是超级体育强国。苏联及独联体代表团曾在1952—1996年参加了12届夏季奥运会，其中有9届获得了金牌总数第一名的成绩。另外，苏联及独联体代表团也曾经在1956—1996年参加了11届冬季奥运会，其中有8届夺得了金牌总数第一名的成绩。苏联解体后俄罗斯继承了苏联体育的主要部分，俄罗斯代表团在1996—2004年的3届奥运会中始终位居金牌榜的前三名位置（两次获得第二名、一次获得第三名）。但是，俄罗斯的体育与苏联相比呈现些许落后迹象，在其作为独立国家第一次参加的第26届奥运会中，俄罗斯共取得奖牌63枚，相比美国的101枚奖牌来说差距较大。俄罗斯体育代表团在第26届、第27届奥运会上分别以总奖牌数63枚和88枚的成绩位居奖牌榜第二位，在第28届、第29届奥运会上分别以总奖牌数92枚和73枚的成绩滑落到奖牌榜第三位，到了2012年的第30届奥运会俄罗斯代表团以总奖牌82枚的成绩位居奖牌榜第四位。分析俄罗斯在近几届奥运会的成绩不难发现，其竞技体育成绩有下滑趋势。就现阶段来说，俄罗斯竞技体育的优势项目有冰雪项目、体操、游泳、田径、举重、花样游泳、球类和摔跤等。

和竞技体育相比，俄罗斯的群众体育要落后一些，具体表现为俄罗斯全民体质下降、体育人口占总人口的比例不大、群众体育的资金投入不足，这些问题都不同程度地限制了俄罗斯群众体育的发展。俄罗斯联邦政府深刻地意识到大众体育成绩与俄罗斯的国际地位不相符，针对上述问题采取了振兴大众体育、发展建设体育设施、运用先进技术和现代化标准培养运动员、优先发展体育设施和教练事业、向民众普及宣传健康意识、优先发展群众体育和竞技体育以及场馆设施建设等一系列的应对措施。

在体育产业和体育科技方面，俄罗斯建立了多元化的投资和融资体制以支持和促进体育产业的发展，先后采取了对体育彩票等行业进行宏观调控，通过减免税收等政策吸引企业家参与体育行业的经营和发展工作等措施。在体育科研方面，俄罗斯体育管理部门采取了一系列措施来加强体育科研的管理和发展工作，重点明确了体育科研部门要为国家队参加世界大赛服务的目标，由此运动医学、遗传学、生物学、运动训练、体育教育等学科得到了普遍的重视。俄罗斯先后通过恢复地方体育科研院所、加强高校体育科研管理、恢复国家重大课题的招标工作积极开展体育科研工作。俄罗斯的体育科研主要集中在训练和教育两个重点领域，其中围绕着俄罗斯的优势项目如滑雪、田径、体操、游泳、排球、拳击和击剑等项目的科研比重较大。

三、中外体育发展水平的异同

（一）中外体育发展的共同点分析

1. 竞技体育是实现体育强国的关键性指标

中国、美国、俄罗斯等国家都十分重视本国竞技体育的发展情况，原因在于竞技体育可以在一定程度上彰显国家的综合国力，代表竞技体育最高水平的奥运会是世界各国展示国家形象的重要平台。除此之外，竞技体育的发展不仅是一个国家生活水平和经济发展水平的整体表征，也是大国崛起的象征。美国在竞技体育上的优势给美国国家形象以及美国文化的传播提供了重要平台，竞技体育裹挟着美国人的价值观和文化传遍全球，特别是由竞技体育衍生出来的美国职业体育，更是美国经济发展的重要支柱。美国在经济、军事、教育、科技等领域的强国地位，促使美国在体育领域也必须成为强国。苏联解体给俄罗斯体育带来了巨大的冲击，同时俄罗斯的经济、军事、教育等领域也都受到不同程度的影响。对于我国而言，竞技体育的复兴是展示中国崛起的有力手段，为此我国先采取了以"举国体制"为统领的体育赶超式发展模式，此后又印发了《奥运争光计划纲要》，以及在悉尼奥运会后围绕游泳、田径和水上项目提出的"119工程"。恰恰是竞技体育领域获得的优势有效夯实了我国朝着体育强国迈进的基础。综上所述，中国、美国、俄罗斯在竞技体育方面的重视程度具有显著的一致性特点。

2. 群众体育是体育事业可持续发展的基础

从理论层面来说，群众体育是竞技体育得以发展的基础。美国的确实现了群众体育的广泛普及，美国人对健康的认识及对体育锻炼价值的普遍认同促使美国参与体育锻炼的人群比例较高，另外美国在经济发展上的优势决定了美国在群众体育组织和设施上的优势，这是其他国家目前不能比拟的。俄罗斯在竞技体育与群众体育的投入上出现了重竞技体育轻群众体育的实践策略，将有限的经费投入竞技体育领域，对于群众体育方面的场馆建设和民众体育锻炼意识的普及投入较少。俄罗斯联邦政府已经清楚地意识到了这一点，并开始逐步增加群众体育方面的投入以改变当前的困境。近年来，我国对群众体育的投入力度呈现逐年增加的趋势，如何保证经济发展成果惠及国民、如何提高国民体质、如何解决青少年体质问题已经成为我国体育事业发展的重点。由此不难看出，群众体育的发展对国民体质健康有很大影响，所以中国、美国、俄罗斯对群众体育的关注呈现很大的趋同性，仅仅是发展状况略有不同。

3. 体育产业是国家经济发展的新兴力量

各项数据表明，美国体育产业发展呈现出了以职业体育和相关产业为主的产业集群。但需要说明的是，美国体育产业不只是在本国拥有强大的影响力，在世界范围内都产生了较大效益，运动服装和职业赛事都显露出美国特色。作为竞技体育的有力补充和国家体育结构的重要组成部分，体育产业所创造的价值和效益也广泛受到各国的关注。俄罗斯和我国也都高度重视体育产业的发展，我国体育产业虽然在整体上还处于起步阶段，但是经过近几年的发展，体育产业市场已经成为大众消费和投资的热点领域，各类体育企业及相关产业也不断涌现。近年来，我国体育产业的增加值持续上升，体育产业不但是崭新的经济增长点，还是我国经济发展的重要组成部分。

4. 体育科技发展是体育发展的重要保障

近年来，体育科技成果的转化受到越来越多国家的高度重视，科技在现代体育发展和国民日常生活中产生的影响越来越大。科学是财富之源，未来的工业发展要靠科技的进步。科学技术在体育领域的广泛应用也给体育的发展带来了前所未有的活力，现代科技在体育训练、教学、科研和产业上的广泛应用都给体育带来了巨大的改变。例如，2008年北京奥运会在网球比赛中引入的"鹰眼"即时回放系统，以及现代生物科学、医学在运动训练和恢复中的运用都大大改变了比赛和训练的效率，最大限度地提高了运动成绩。中、美、俄三国体育科技成果的运用，特别是美国在医学、生物学等诸多学科的世界领先优势，进一步更新了现代体育的训练和管理理念，使竞技体育的训练方法得到了有效革新；俄罗斯则在继承苏联时期所形成的训练理论和方法的基础之上进一步提高了自己在优势项目上的训练水平；近年来，我国同样在体育科研领域投入了大量的人力、物力、财力，在高水平运动员训练、恢复、竞技能力保持以及国民体质健康监测等领域进行了深入研究，大量科技成果实现顺利转换，并且被应用于竞技体育训练、国民体质健康预警、体育体制改革等领域。

（二）中外体育发展的差异分析

1. 体育管理体制与发展方式

体育发展和本国的政治体制以及经济发展情况存在紧密联系，当前可以把世界范围内的体育管理体制划分成三种类型，即社会组织主导型、政府主导型和社会组织与政府合作型。美国实施的则是典型的社会组织主导型体育管理体制，由社会体育组织对整个国家的体育事业进行管理。美国的社会组织管理体系又分为职业和业余两种体育组织，美国政府中设有专门负责体育管理的机构，但并不制定体育政策而且很少直接资助体育项目，管理体育的职能是由社会体育组织来完成的。美国竞技体育组成是建立在体教充分融合基础之上的，美国奥林匹克委员会负责管理各个单项体育协会，美国的业余体育组织部分以大学竞技体育组织——NCAA 为主体，而中学体育组织则是大学体育组织的后备力量和输送主体。中学体育组织由美国国家高中联盟（NFHS）主管，NFHS 由 18 500 所中学体育组织组成。我国实施的是以政府主导型为主的体育管理体制，由政府对整个国家的体育事业进行管理。我国体育管理体制经历了由社会化向市场化变迁的过程，这对体育协会和职业体育俱乐部的市场化和社会化进程都有了不同程度的推进，大力发展群众体育和提高国民体质水平成为我国成功举办 2008 年北京奥运会后国家体育管理部门的一项重要工作。

社会组织与政府合作型体育管理体制是指政府部门和社会组织共同参与体育事务管理和体育事业发展的体育管理体制。在这一体制中，政府体育部门和社会体育组织共同管理体育事业，政府对体育实行宏观管理，发挥协调、监督作用，即贯彻国家的方针政策、研究制定体育行业政策和发展规划、依法加强行业管理和提供政策服务。社会体育组织在政府的宏观调控之下，负责体育具体业务管理，如制定具体体育项目的发展规划，组织、安排各类训练、竞赛活动的具体开展及大众体育活动的开展等。

2. 群众体育发展重心和发展举措

就当前的发展情况来看，美国称得上是世界范围内的体育强国，美国的整体实力始终没有掉出世界前三名，美国的竞技体育、群众体育以及体育产业、体育科技与教育等均位居世界前列。美国之所以是世界体育强国，与其经济发展和社会发展有着必然的关系，经济的发展带动了生产力水平的提高，这在一定程度上使人们用于休闲娱乐的时间增多，而文化的发展所带来的对体育锻炼意识和价值的高度认同又是群众体育发展的内在力量。美国的体育产业是全世界最为发达的，美国的职业体育赛事所拥有的巨大影响力为美国经济发展带来新的支撑。

俄罗斯体育发展则受群众体育发展滞后、体育场馆建设不足、国民体质下降等因素的制约。在竞技体育方面俄罗斯迫切需要重振雄风，群众体育和竞技体育将是政府重点资助的两个领域，另外俄罗斯也开始加大在体育产业和科研领域的投入，通过联邦政府拨款和社会力量筹集经费，力争提高国民参与体育锻炼的比例。

我国的体育发展策略和俄罗斯有较多相同点。由于我国幅员辽阔、经济发展存在失衡问题，因而我国各地区体育发展水平同样存在不尽相同的问题。尤其是群众体育发展滞后、国民体质下降等问题与我国在竞技体育上取得的成绩较为不符，况且在竞技体育领域我国只在少数项目上成就辉煌，田径和"三大球"等项目的发展水平更是与国家发展和建设体育强国的战略不匹配。针对这些情况，我国体育事业发展的相关规划中反复重申实现田径和"三大球"良性发展的重要性和必要性，提出要坚定不移地完善举国体制，加大对群众体育和体育产业等多个领域的投入力度。

从宏观层面来看，俄罗斯体育事业发展过程中需要解决的问题和我国有较多相似之处，保持和进一步加大竞技体育的优势，从而尽全力实现崭新的突破，加快群众体育的发展速度，促使国民体质水平得到大幅度提高，是未来一段时间内中国和俄罗斯体育发展需要完成的重要任务。

第三节 体育强国建设中的问题分析

为了有效推动我国体育强国的建设进程，本节着重对体育强国的国际影响力和体育强国的法治建设进行详细解析。

一、体育强国的国际影响力

（一）我国国际影响力不足的原因

自中华人民共和国成立以来，经过数十年的发展，我国已经发展成体育大国。值得肯定的是，自改革开放以来，我国主动参与国际体育、与国际接轨，在既有的国际体育秩序中建立起各方面空前发展的体育事业。与此同时，在既有的国际体育秩序中，由于中外政治和文化的差异，我国难以在西方主导的国际主流社会中产生示范性的国际影响力，这在2008年北京奥运会中就有所体现。2008年北京奥运会的举办十分成功，获得时任国际奥委会主席罗格"无与伦比"的赞誉，但举办这届奥运会的"北京模式"并未得到国际社会应有的重视及借鉴。我国构建的体育强国只能是开创风气之先的创新型强国，其国际影响力具有强烈的改革意义，但并不是既有国际体育格局中的榜样，主要原因有以下四个方面。

第一，就我国自身而言，独特的社会背景，使得我国的做法是其他许多国家，特别是西方发达国家难以仿效的；我国体育的成功，在国际社会中常常被曲解，或被解释为不可重复的特例。

第二，就当前国际体育的组织结构而言，既有的国际体育格局没有为中国留下充足的空间，不利于中国在决策中发挥更大的影响力。

第三，就文化传统而言，既有国际体育模式是西方主导的单一体育文化模式，已经形成了一套固定的话语体系，这个话语体系与我国既有的文化传统还有待进一步碰撞、融合，中国丰富的文化积累目前还难以为之所用。

第四，就国际体育的主体竞技运动而言，当前的框架是19世纪末20世纪初形成的，无法容纳迅速膨胀的全球体育需求和体育资源。我国的优势项目发展空间已经趋于饱和，而我国要竞争的项目则由于人数名额限制的原因，无法发挥人力资源优势。除此之外，我国占据优势的一些非奥运会项目至今仍然徘徊在国际主流体育视野之外。

值得庆幸的是，我国由体育大国转化成体育强国的过程恰逢国际体育再次处于转折的关键阶段，国际体育正在尽全力突破瓶颈，积极寻找和全球化时代相符的发展前景。这种发展趋势为中国推动世界体育新秩序的改革提供了可遇而不可求的历史机遇。我们应当不失时机地把握这一历史机遇，成为对世界体育有历史贡献的体育强国。

（二）提高我国体育国际影响力的策略

以往的体育强国在构建自身影响力的时候，全球化尚未发展到今天这种程度，国家利益是其唯一的考虑，使其在无意识中做出了符合历史客观要求的举动，从而推动了世界体育的进步，惠及全人类。因此，其国际影响力的建立是不自觉的，有一定的偶然性，也正因为如此，其在成为体育强国的过程中也出现了诸多不合时宜的弊病。为避免重蹈覆辙，我国应当更理性地在国际视野中构建自己的国际影响力。中国是第一个由发展中国家崛起的体育大国，近代曲折的发展经历，发展过程中遇到的各种遏制、阻碍和困难，使中国可以促使国际体育向不仅有利于自己，而且惠及整个人类社会的方向发展。大国的崛起必然伴随着巨大的国际阻力，对于中国尤其如此。在西方看来，中国的崛起是他者的崛起，深深触动了西方主导的国际社会根深蒂固的偏见，所以说策略的思考更加重要。针对这些现实状况，我国不仅要科学判断既有的国际体育秩序，及时、准确地发现和分析相关问题，还要在此基础上结合我国可利用的各类资源和渠道，选择并运用切实可行的方式方法，促使其朝着目标模式演变。从整体来看，适宜我国提高国际影响力的策略包括以下方面。

1. 加快国际体育格局的更新速度

当前的国际体育框架和秩序是在过去近一个半世纪中慢慢形成的，其中合理性的部分值得高度肯定，西方国家率先行动，促进了体育国际化，它们的历史功绩应当得到充分的肯定。它们是合作的伙伴，而不是革命的对象。倡导世界体育的多样性，并非要取代或对抗既有的国际体育秩序，砸烂现有的国际体育格局，而是对其进行必要的补充和改造，促进国际体育多元化的发展，从而增强它的包容性，扩大它的文化资源，使之真正成为包容五大洲的体育资源，服务于世界各国人民的全球社会文化活动。要做到这一点，国际体育改革的方向必须符合具有全球普适性的人文价值，促进世界发展的多样性所昭示的正是这种人文精神，是当今国际体育的整体利益之所在。它既具有广泛的号召力，也有强大的道德优势，是参与国际体育的各个群体无法拒绝的。尽管如此，由于当今世界是以民族国家为基本单位构成的，并不存在价值取向完全一致的统一的国际社会。在全球化深入发展的当下，要想推动由多方利益构成的国家或者国家集团积极协作、密切配合，就要深刻灵活并重申文化的包容性，大力提倡兼容并包与和谐共生。

第一，充分挖掘和发挥国际体育既有框架和秩序的积极作用。中国从体育大国走向体育强国，仍然需要在既有的国际体育框架内有所作为，具体包括：在有重大影响的国际赛事如奥运会上持续展示自己的竞技实力；在国际体育既有的版图上有所拓展，让中国更多地出现在不同的领域，如城市国际马拉松赛事、国际体育论坛、国际体育用品展销会等。由于这里依然是国际主流媒体的焦点所在，实力就意味着话语权。要重视商业化媒体的传播力。在消费社会中，通过商业形式扩大中国的影响力在一定程度上可以冲破国际社会中的政治壁垒和意识形态障碍。体育商业的核心是名人效应，优秀运动员作为一个国家和文化的形象大使，是国际社会最容易接受的传播方式，其发挥的作用常常超出官方的正规宣传，如姚明给中国带来的国际影响。随着中国竞技运动的发展，涌向我国优秀运动员的资源会越来越多，需要有意识地培养，并充分发挥其作用。

第二，因势利导地推动国际体育改革的进程。积极推动国际体育多元化的发展，推动国际体育的观念革新、组织革新和活动革新。重新认识竞技运动的人文价值本质属性，促使竞技运动的人本回归。促使国际社会重新认识发展中国家在国际体育中的位置和作用，认识到非西方的民族传统体育也是世界体育的宝贵资源，是跨文化交流的重要渠道，需要呵护并充分加以利用，使发展中国家通过参与国际体育，更加深入地认识和开发自己的资源，发展自己的体育，从而掌握更多的话语权，推动国际体育组织民主化进程。

第三，为非奥运项目的发展注入动力，提高国际体育容纳度。当前国际体育格局是将奥林匹克组织作为基本框架构建起来的。国际体育格局的优势是标准化、规模化、组织化，运作的实效性特点显著，但在项目吸纳方面已经基本饱和。就现阶段来说，大量游离于奥运体系之外的体育项目如何发展是国际体育事业迫切需要解决的问题。这些项目往往对特定的群体有特殊的吸引力和亲和力，在个性化参与日趋明显的未来社会，这些项目的价值在与日俱增，促进这些项目的国际发展，可大大丰富国际体育的内容，也会对奥运体系的不断完善有所助益。

2. 积极参与国际互动，不断自我更新

国际影响力是双向的，既表现为一个国家对外的作用力，也表现为国际社会对该国的作用力，国际影响是在国内外作用力互动中产生的。因此，当中国体育对国际社会产生影响时，其自身也处于国际环境的影响中。这就促使中国在国际视野中，要以国际通行的标准或准则检查自己，在持续的对照和比较中反思自己，从而不断自我修正和自我完善。对国际社会的影响越深刻，其自身承受的反作用力也会越大。如此看来，中国的体育强国之路也是借国际社会的力量加速自我更新之路，如 2008 年北京奥运会大大增强了中国对国际社会的影响，同时也深刻地影响着中国自身体育的发展，形成内外互补的良性循环。在国内外互动的背景中，重新认识中华民族体育文化的发掘、整理、扬弃和继承，加强对世界各种体育文化精华的学习和吸纳，以及加快中国体育的改革和创新。

在全球化、知识经济以及网络化当下的社会，准确分辨国家体育的对外影响和对内影响有较大的难度。良好的国际影响可以有效增强国内的民族认同和文化自信，国内各项体育事业的可持续发展和我国体育的外在形象也存在着紧密联系。

3. 加大对各传播渠道的拓展力度和优化力度

国际影响力在相当程度上表现为传播力，影响借传播而发生效用。要想使我国的国际影响获得预期的效果，必须精心改进我国现有的传播方式和机制。中国面临的最大问题不是文化的独特性，而是其影响力的普遍性。如何让世界了解并理解中国，一直是我们需要解决却又未能很好解决的一道难题。不仅如此，中国正处于社会转型期，这意味着中国社会与体育在持续变化，这就进一步增加了外界了解中国的难度。改革开放 40 多年来，中国已经初步形成自己的体育发展模式。这种模式在结构、功能、运作机制等方面既与其他国家的体育发展模式有相同点，也有不同于其他任何国家的特色。关于中国模式对别国体育的发展有无借鉴意义、如果有应当如何借鉴等话题，国际社会上一些人认为中国模式是不具有普遍意义的特例。其实，中国改革是"摸着石头过河"，反映的是一种务实的探索，从实践中来，到实践中去，打破各种理论的束缚，将实践作为检验真理的唯一标准。中国的经验对许多发展中国家及处于社会转型的国家具有重要的参考价值。对于我国来说，当务之急是深层次研究自身的经验，同时学习和掌握遍及世界的语言和国际社会对话，尽最大努力战胜文化差异，并在此基础上破解各类难题。需要补充的是，我国应当充分发挥推广中国经验的积极主动性，在推广的过程中加深对本国的认识，从而有针对性地改善自身。

二、体育强国的法治建设

（一）我国开展体育法治建设的重要性和必要性

法治是指根据法律治理国家和社会，是现代政治文明的核心，也是人类社会进入现代文明的重要标志。体育法治，既指静态意义上的体育法律，也指动态意义上的体育法律，即体育立法、体育执法、体育司法、体育守法和对体育法律实施的监督等各个环节构成的一个系统，还指体育活动中依法办事的原则、具有法治的精神和反映法治精神的制度，是一个成熟健全的法治社会的重要标志。国家民主法治建设总是伴随着社会的发展而发展，随着我国社会经济的改革开放，国家的法治建设得到了相应的发展，也加快了体育法治建设的进程。从人类社会发展历程可见，一个国家的体育事业要获得健康持续的发展必须坚持和实行"依法治体"。这就要求国家建立完善的体育法治体系，将体育工作全面纳入法治的轨道。立足于这个视角来分析，体育法治建设是一个国家社会发展程度的重要标志，可以从根本上推动我国法治体系的优化和改革进程。

我国建设体育强国的目标不只是局限于彰显我国竞技体育水平，借助这个载体把我国的文化和精神呈现给世界同样是重要目标之一。完善体育法治在发展体育中的重要作用，已是世界上许多国家的共识。体育法治建设不但是体育强国建设的重要部分，也是体育强国建设的有力保障。如果没有健全的体育法治作为保障，如果不对我国体育法治建设中的滞后状况进行改变，那我国体育事业的发展就会受到制约和影响，落后的体育法治将会成为我国体育事业可持续发展的"绊脚石"。因此，建立完善的体育法治体系，让体育法治建设与社会主义市场经济发展需要相适应，与现代体育运动规律相符合，建立解决体育纠纷的良好机制，规范体育参与者的行为，制裁体育违法者，为解决体育发展中的重要问题和突出问题提供重要依据，对保障体育事业的健康发展和体育强国的建设意义重大。

(二)我国体育法治建设过程中需要解决的问题

由于法治建设是一项艰巨复杂的系统工程，虽然我国体育法治建设工作与以前比较有了较大的进步，但其建设滞后的状况并未彻底改变。法治意识薄弱，对体育法律法规的漠视，会导致人们公平信仰的丧失和对体育法律制度的质疑。法治建设工作的前提是立法，而要将体育法律法规落到实处，执法是关键。如果有法不依，法律法规也就没有存在的意义。从整体来说，我国在体育法治建设过程中存在普法、立法、执法三个方面的问题。

1. 普法力度有待加强

尽管当代人的法治意识在持续增强，《体育法》也已经颁布了很多年，但不少人并不了解体育法治建设的发展。群众对体育法律法规赋予自己的权利和义务缺乏了解，他们了解体育法律法规的相关知识主要是通过电视、网络等途径。由于缺乏维权意识，他们不懂得运用法律武器来维护自己的合法权益，更谈不上对管理者的执法、守法状况进行监督。体育法治建设工作能否顺利开展，取决于全体体育工作者的法治意识，尤其是领导干部的体育法治观念。因此，有必要规范与加强有效惩治体育违法的手段和方法，不能因缺乏规章制度的保障而影响了体育事业的发展。但需要重申的是，体育法治宣传教育才是提高体育法治普法力度的基石，所以说积极完善普法的方式方法有其必要性。

2. 立法滞后状况有待改善

法律作为上层建筑存在于社会发展中，它会随着经济的发展而发展。与其他社会事业相比，与体育事业相关的法律法规数量较少，覆盖面较窄。就现阶段来说，体育领域的立法工作已经有较大进展，但我国体育领域的发展速度要比我国经济领域的发展速度慢得多，要想缩小这两个领域的差距就必须从多个方面做起。体育实践中发生的新情况和新问题对法治建设提出了挑战，要想解决这些情况和问题就需要有相应的法律法规对其进行公平合理的解决和指引。举例来说，在《体育法》中对侵占体育场地作出禁止性规定，但对违反禁止性规定的行为要承担怎样的法律责任却没有明确规定，也没有明确的执法主体，这就导致体育场地被侵占破坏的现象时有发生。可见，如果体育立法跟不上体育事业发展的步伐，就不能很好地维持发展的秩序，不利于制裁体育违法者，进而阻碍体育事业的发展。由当前层出不穷的体育事件可见，如何量刑和以什么法量刑才能更好地防止犯罪是体育立法要首先考虑的问题。不难发现，在我国体育事业持续发展的大背景下，体育竞赛管理、体育经营和市场管理以及解决体育纠纷等多个方面的立法都需要进一步完善，同时配套立法也需要加强。

3. 执法机制尚未完全建立

体育行政执法的机制和体系尚未完全建立，体育行政部门的执法能力普遍薄弱和执法主体不清是我国体育法治建设中凸显的问题。体育法治建设在普法方面和立法方面都存在问题，这无疑会对体育法律法规的执行过程产生负面作用。由于群众法律意识薄弱，又缺明确的法律法规，因而违反《体育法》的现象普遍存在。对于日渐增多的体育纠纷，就现实的体制性制约和法治化程度来说，是无法使有关权利得到公正的伸张和救济的。如果制定出来的体育法律法规不能依法实施，只作摆设，就会沦为一纸空文。加上目前我国尚未形成有效的体育执法监督机制，在不少环节存在"弱监"和"虚监"的现状。监督体系的不健全，忽视决策监督，使体育法治建设中执法不严、执行力度不强的现象普遍存在，这将严重影响体育事业的发展。

（三）推动我国体育法治建设的可行性策略

1. 加大普法力度，增强体育法治意识

体育法治建设只看重法律条文是不够的，还要把法律精神与文化对法治建设的影响与制约纳入考虑范围，原因在于人的价值观是由特定理念支配的，增强国民体育法治意识有助于人们深刻领会法律在公民权利保障中的作用。因此，各级体育行政管理部门应采取多种形式和多种方法在全体公民中广泛开展体育法治宣传教育活动，特别要在体育教学人员、裁判员、教练员、运动员中加大《体育法》的宣传力度，加强法律知识的学习，提高体育队伍的法律素质。通过各种体育活动，如比赛、表演等形式宣传《体育法》，以各种方式和渠道拓展体育法治宣传教育工作的深度和广度，提高普法的力度，使体育法治知识深入人心，为体育法治建设创造有利的社会文化环境和发展土壤。

法治活动需要依靠人来实施，体育法治宣传工作的实际成效和体育法治队伍的整体素质密切相关，原因在于体育法治队伍的建设对体育法治工作的开展有深远影响。因此，各级体育行政管理部门要把法治宣传教育工作纳入领导班子的重要议事日程，要按照国家在公民中进行法治宣传教育的决定要求和国家体育总局的部署，设立或指定专门机构、专职人员负责普法工作。把法治宣传教育纳入各单位目标责任制，把掌握法律知识、树立法治观念作为体育干部的必备素质。要做好普法的考核验收工作，不使体育法治宣传普及工作流于形式。要善于总结经验教训，研究探讨有效方式，使体育法律法规家喻户晓，在体育及其相关行业形成学法、守法、护法、用法的良好风气。

2. 加快立法步伐，完善体育法律体系

加快立法步伐和完善体育法律体系有很大的必要性。纵观体育职业化的发展进程会发现，我国职业体育制度建立伊始，就明显地存在政府主管部门与职业体育俱乐部的目标设定错位的矛盾。前者试图通过职业体育的制度设立最大限度地获得社会资源，并通过这些资源提高进入职业体育体系的运动项目的竞技体育水平；后者则试图通过资源的重新配置，达到比原有资源结构所获收益更大的增量收益，以及提升企业的无形资产的目的。要想妥善处理好这些矛盾，就必须有相应的法律条文作为依据。

在进行体育立法工作时，体育部门要围绕体育发展的中心任务和重点工作，找准切入点和突破点，要根据市场经济体制下体育发展的需要，把握好立法的时机。既要做好体育立法的预测、规划、指导、协调，使体育立法走向科学化、系统化，又要使体育立法对有普遍性、全局性、根本性的重点问题具有针对性；既要使立法工作能及时跟进当前的体育实践，又要及时做好有关法规的清理工作；既要着眼于行使体育社会管理职能、服务社会经济整体发展，以提高全民身体素质为目的，又要避免借立法的机会争权夺利，以法谋私。

除此之外，体育立法方面要注重加快推进体育管理体制的改革进程，主要是指积极转变管理职能和加大对体育俱乐部方面的立法力度。由于我国体育工作的重心逐步向全民健身方面转移和调整，因此要制定与全民健身计划配套的行政法规。体育立法是社会生活和社会关系发展的必然产物。此外，针对目前体育实践中出现的各种问题，应该制定相应的适用性、实施性较高的法律法规，加强与此配套的一些具体立法。例如，要加强体育设施建设与保护方面的立法；加快体育经营与市场管理方面的立法；抓紧体育纠纷解决方面的立法；加强运动队伍和体育竞赛管理方面的立法；等等。总的来说，体育立法的目的是要明确各个职能部门和公民在发展体育事业和参与体育活动方面的基本权利、责任和义务，用法律规范去调整跟体育相关的广泛而复杂的各种社会关系，保证各类人群的体育权利和义务的实现，促进体育事业的繁荣发展。

第二章　体育强国建设的理论指导与制度支撑

体育强国建设的理论指导主要来源于习近平新时代中国特色社会主义思想，特别是关于体育工作的重要论述。本章基于体育强国建设相关的理论指导，探索体育强国建设的战略定位，进而为体育强国建设指明方向，即以人民为中心不断建设体育强国。当然，与之相关的制度也至关重要，可以起到保障与支撑的作用，为体育强国建设保驾护航。

第一节　体育强国建设的战略定位

体育强则中国强，国运兴则体育兴。党的十九届五中全会提出到2035年建成体育强国。建设体育强国是体育发展的最高战略目标，是新时代中国特色社会主义伟大事业的重要组成部分，是实现中华民族伟大复兴中国梦的必然要求。以习近平同志为核心的党中央站在国家强盛、民族复兴的战略高度，对体育领域若干重大关系和基本问题作出重要论述，就体育工作作出一系列重要指示批示，集中回答了新时代下中国特色社会主义体育发展的功能定位、基本方针、目标任务、实践要求等一系列重大理论和实践问题。习近平总书记关于体育的重要论述，全面深化了对体育的基本认识，深刻揭示了当代中国体育发展规律，是指导体育强国建设改革发展的系统、科学、完善的理论体系，是习近平新时代中国特色社会主义思想的重要组成部分，是对中国共产党体育工作重要思想的继承和发展，是中国体育改革发展的根本遵循和行动指南。

习近平总书记高度重视体育强国建设。2017年8月27日，习近平总书记在天津会见全国群众体育先进单位、先进个人代表和全国系统先进集体、先进工作者代表以及在天津全运会群众比赛项目中获奖的运动员代表时强调，要把发展体育工作摆上重要日程，精心谋划，狠抓落实，不断开创我国体育事业发展新局面，加快把我国建设成为体育强国。2013年11月19日，习近平总书记在会见国际奥委会主席巴赫并接受奥林匹克金质勋章时强调，努力提高人民健康水平，同步发展群众体育和竞技体育，由体育大国向体育强国迈进。要正确把握习近平总书记关于体育强国建设的思想内涵、理论观点、精神实质与实践要求，锐意进取，改革创新，奋力开创体育强国建设新局面。要瞄准2035年建成体育强国的战略目标，科学规划未来的发展重点和建设路径。建成社会主义现代化体育强国，使体育成为中华民族伟大复兴的标志性事业。

一、体育是社会发展和人类进步的重要标志

体育，作为一种社会实践活动，既是社会现代化的组成部分和标志，也是社会走向现代化的重要推动力，是社会发展和人类进步的重要标志。作为现代体育的三大基石，德国体操、瑞典体操和英国户外竞技运动，在文化教育和社会整合层面为西方国家现代化进程的深入推进提供了重要支撑。具体到中国体育发展历

史来看，体育更是发挥了重要的标识作用，表征着中国式现代化道路的独特性和正确性。更为重要的是，与西方不同，中国现代体育甫一产生，就承载着"救亡图存"的重任，走出了一条与西方截然不同的道路。中华人民共和国成立之后，中国体育在党的领导下，走出了一条有中国特色的体育之路。这条道路契合了从"站起来"到"富起来"再到"强起来"的时代特征，彰显了这一过程中体育的力量。

开拔起步，中国体育助力开启中国式现代化道路。体育在国家的全力投入和高度动员下，铸就了坚强内驱，凝聚了中国特色社会主义道路的起步动力。人口众多的东方大国以体育的力量向世界展示自尊与自信。1952年，中华人民共和国体育代表团第一次参加奥运会；1959年，容国团夺得世界乒乓球锦标赛男单冠军，这是中华人民共和国体育史上第一个世界冠军；1960年，我国的王富洲等人实现了人类历史上首次从北坡登顶珠穆朗玛峰的壮举；1963年，罗致焕为中国夺得首个冬季项目世界冠军；1971年，"乒乓外交"第一次打破中美外交僵局。一鸣惊人的中国体育，以蓬勃昂扬的姿态向世界展示——中国人民站起来了。

大步前进，中国体育助力拓展中国式现代化道路。中国由体育第三世界跻身奥运三强，体育搭台、经济唱戏，体育破冰、政治改革，体育成为"富起来"的重要动力。1979年中国体育率先喊出"冲出亚洲，走向世界"的口号，拉开改革序幕。1981年中国女排首夺冠军，女排精神影响了一代又一代人。1990年北京亚运会展现"中国雄风"，助力中国经济起飞。从许海峰射落中国奥运首金到杨扬拿到首枚冬奥会金牌，再到2008年北京奥运会惊艳世界，中国体育代表团登顶金牌榜。中国体育的成就昭示着中国式现代化道路探索的成功，体育改革成为中国体制改革的重要组成部分，中国体育成为助力改革开放的重要推动力。

跨越发展，中国体育助力推进中国式现代化道路。体育事业发展步入快车道，全民健身上升为国家战略，体育产业成为国民经济发展新亮点，举国体制彰显中国特色社会主义制度优势。从党的十九大报告提出"加快推进体育强国建设"，到习近平总书记在教育文化卫生体育领域专家代表座谈会上对体育"四个重要"的系统论断；从《"健康中国2030"规划纲要》到《体育强国建设纲要》；从《国务院关于加快发展体育产业促进体育消费的若干意见》到《关于全面加强和改进新时代学校体育工作的意见》再到《全民健身计划（2021—2025年）》；从探索中国特色竞技体育发展之路到构建新型举国体制，系列制度规划密集出台。体育在推进社会主义现代化强国建设新征程和满足人民对美好生活的需要中发挥着重要作用,成为中国式现代化深入推进的重要加速器。

二、体育是综合国力和社会文明程度的重要体现

2019年春节前夕,习近平总书记在北京看望慰问基层干部群众时强调,发展体育事业不仅是实现中国梦的重要内容,还能为中华民族伟大复兴提供凝心聚气的强大精神力量。体育作为综合国力和社会文明程度的重要体现,最根本的表现就在于它是助推实现中华民族伟大复兴的精神力量。

中华体育精神作为中国体育运动员在多年的实践中体现出来的精神风貌和优良品格,作为中国体育不断发展而铸就的宝贵精神财富,为实现中华民族伟大复兴注入了一股强大的精神动力。中华体育精神主要包括"为国争光、无私奉献、科学求实、遵纪守法、团结协作、顽强拼搏"六个核心要素。

中华体育精神有助于为实现中华民族伟大复兴夯基铸魂。以"为国争光和无私奉献"为重要内容的中华体育精神,体现了中国体育人对国家强烈的认同感、归属感、使命感和责任感,也展现出中国体育人在实现中华民族伟大复兴中贡献着自己的力量。正是因为心怀爱国之情,中国健儿才一次又一次在奥林匹克赛场上创造历史,实现了"升国旗、奏国歌"的愿望。他们用拼搏和汗水为祖国争光、为人生添彩,在实现个人梦想的过程中实现了国家和人民的梦想。

中华体育精神有助于为实现中华民族伟大复兴增智助推。"科学求实和遵纪守法"作为理性和规则意识的集中体现,为实现中华民族伟大复兴提供了强大的助力。提高现代竞技体育水平既要靠气力,也要靠技力。运动员不但要有为国争光、勇创佳绩的志气,而且也要学习借鉴国外先进理念,实现技术创新。遵纪守法的规则意识不仅体现了中国体育人严于律己的道德作风,更展现了中国的良好形象。

中华体育精神有助于为实现中华民族伟大复兴凝心聚力。"团结协作和顽强拼搏"作为中国体育人的价值共识,为实现中华民族伟大复兴强化了精神推力。团结协作作为一种集体主义精神,是中华民族共同体意识在体育领域的具象化展现。顽强拼搏的卓越追求承载了中华民族一往无前的理想信念,为实现中华民族伟大复兴提供了强大的精神能量。纵观中国各运动队,无论是已在世界赛场屡创佳绩的乒乓球、游泳、跳水,还是近年来逐渐崭露头角的击剑、场地自行车等,中国队都在与世界顶尖高手的较量中顽强拼搏、大步向前。

第二节 以人民为中心的体育强国建设方向

2017年8月27日，习近平总书记在天津会见全国群众体育先进单位、先进个人代表和全国体育系统先进集体、先进工作者代表以及在天津全运会群众比赛项目中获奖的运动员代表时强调，加快建设体育强国，就要坚持以人民为中心的思想，把人民作为发展体育事业的主体，把满足人民健身需求、促进人的全面发展作为体育工作的出发点和落脚点，落实全民健身国家战略，不断提高人民健康水平。在以习近平同志为核心的党中央的坚强领导下，体育强国建设取得历史性成就和长足进步，对人的全面发展起到了积极的促进作用。进入新的历史发展阶段，必须加快建设体育强国，更好地实现人的全面发展。

一、加快落实全民健身国家战略，促进人的能力全面发展

一个健全的人既要有丰富的知识和文化内涵，也要有健康的精神和强健的身体。然而，随着现代科学技术的发展，人的能力在机器和网络技术的作用下在某些方面被削弱，有些人的体魄因久坐和缺乏运动而不再强健，人的精神有时也因沉溺虚拟现实而难以振奋。

一方面，青少年体质下降令人担忧，"小眼镜""小胖墩"现象突出。2020年，我国儿童青少年总体近视率为52.7%，各地6岁儿童近视率均超过9%，最高可达19.1%。2021年，中华人民共和国国家卫生健康委员会召开新闻发布会，会上指出，我国6~17岁的儿童青少年超重肥胖率近20%，6岁以下的儿童超重肥胖率超过10%。青少年接触手机等电子设备多，户外活动时间少，运动量不足，近视、肥胖等问题日趋严重。另一方面，职业人群普遍处于亚健康状态，"过劳肥"和"工作抑郁"时有发生。据2020年上海市健康促进委员会办公室、上海健康医学院、上海市健康促进中心共同开展的"影响市民健康的不良生活方式"社会调查结果显示，"久坐不动，缺乏体育锻炼"位居不良生活方式首位。"鼠标手"、颈椎病、肩周炎、腰背痛、疲劳、乏力、抑郁、烦躁等亚健康问题更加凸显。加快落实全民健身国家战略，推动全民健身和全面健康深度融合，迫在眉睫。这不仅有助于提高国民身体素质，也能淬炼其意志品质，从而为人的能力全面发展注入强大动力。

全民健身观念深入人心，为人的能力全面发展提供引领。只有拥有健康的身

体，我们才能更好地生活，才能更全面地发展。因此，树立健身理念，养成健身习惯，让运动成为生活中的一部分，不仅能为体育强国建设提供强大的精神动能，还能推动人的能力全面发展。

全民健身应日常化，形式应多样化，为人的能力全面发展提供支撑。如今，全民健身线上线下一体、运动休闲兼备，在线健身、居家运动等新形态不断涌现，攀岩、滑板、街舞等小众运动也走进更多人的生活。从线上的居家健身到线下的"全民健身日"活动，从公共体育设施的完善到群众体育赛事的如火如荼，再到基层社区体育指导员的全方位发力，全民健身在促进人的能力全面发展方面发挥着重要的作用，成为促进人身心协调发展的有效手段。

二、加快推进竞技体育发展，促进人的个性全面发展

2013年8月31日，习近平总书记在会见参加全国群众体育先进单位和先进个人表彰会、全国体育系统先进集体和先进工作者表彰会的代表时表示：体育在提高人民身体素质和健康水平，促进人的全面发展，丰富人民精神文化生活，推动经济社会发展，激励全国各族人民弘扬追求卓越、突破自我的精神方面，都有着不可替代的重要作用。竞技体育以其"更高、更快、更强"的独特性质和"更团结"的严密组织性，在促进人的个性全面发展方面发挥着重要的推动作用。

从历史角度看，中国竞技体育的发展始终与中国人个性的发展同向同行。中国竞技体育人砥砺奋进、不断超越、勇攀高峰的精神面貌，就是当代中国人个性发展的生动诠释。从中华人民共和国体育的"报春燕"到"铿锵玫瑰"，从"东方小巨人"到"亚洲飞人"，从女排的"王者归来"到国乒的"最强天团"，中国竞技体育人不断创造历史、超越自我、延续辉煌，以自身的行动诠释了在中国人从"站起来"到"富起来"再到"强起来"的过程中实现的个性发展，彰显着中国人的个性解放和自我超越。

从现实来看，中国竞技体育成就辉煌，赛场内外中国体育人以实际行动诠释了超越的力量。在2020年东京奥运会上，中国体育代表团所获得的金牌数、奖牌数仅次于美国，位居第二，追平在2012年伦敦奥运会取得的境外参赛最好成绩。东京奥运会赛场内，中国健儿数次打破世界纪录，创造历史最好成绩。"00后"运动小将以他们超凡的实力彰显着当代中国年轻人独特的个性和力量。出生于2000年的杨倩初次参加奥运会就拿下首金，其沉稳的风度让人赞叹。8月2日射击比赛收官，拿到金牌的仍旧是一名中国小将——同样出生于2000年的张常

鸿。横空出世的跳水运动员、13岁的全红婵更是以近乎完美的表现彰显了中国体育人的个性。赛场外，中国体育健儿以其青春的形象、乐观的态度、风趣的表达彰显了中国体育人的个性和活力。

三、加快推进体育产业发展，满足人民对幸福生活的需求

体育产业不仅是促进经济社会发展的重要动力，而且在满足人民日益增长的美好生活需要方面发挥着重要作用。"十三五"以来，我国体育产业总规模及增加值增长态势良好，为体育产业高质量发展注入动力，更为满足人民日益增长的美好生活需要提供了强大的经济支撑。随着我国综合国力的不断提升，体育产业发展也越发迅速。2020年全国体育产业总规模（总产出）为27 372亿元，较2019年增加值为10 735亿元。其中，体育服务业总产出和体育场地建设总产出持续上升。截至2020年底，体育竞赛表演活动规模约为318.4亿元，同比增长3.2%；全国体育场地共有371.34万个，体育场地面积30.99亿平方米，人均体育场地面积2.20平方米。其中，人均体育场地面积较2019年的2.08平方米增长了0.12平方米，体育场地数量较2019年的354.4万个增长了16.94万个。这些增长折射出体育产业在满足人民日益增长的美好生活需要方面产出的巨大经济效能。

蓬勃发展的健身休闲业、方兴未艾的体育培训业和稳步增长、不断优化的体育用品业，满足了人民日益增长的健身需求。健身休闲市场已开始由健身俱乐部提供相对单一的产品服务供给向多样化、个性化、时尚化转变。冰雪、山地、水上、汽摩、航空等运动逐步兴起，热气球、滑翔伞、攀岩、漂流等项目发展势头强劲，极限运动、电子竞技、击剑、马术等时尚运动备受年轻群体青睐，与时尚健身消费相关的体育创意、体育旅游、在线健身休闲平台也呈现蓬勃的发展态势。"双减"政策下，体育培训业呈现"井喷式"发展，青少年体育培训更是成为新的行业增长点。另外，不断优化的体育用品行业也为满足不同群众多层次的健身需求提供了全方位的产品保障。

精彩纷呈的体育竞赛表演和不断完善的其他体育服务行业满足了人民对体育的观赏性需求。近年来，各地申办和承办的高水平国际体育赛事数量迅速增加，体育赛事的经济社会效益得到更加广泛的认可，我国赛事运作的社会化、市场化、专业化水平也得到提升，更加满足了人民欣赏高水平体育赛事的消费需求。例如，上海已连续成功举办16届世界一级方程式锦标赛上海站比赛，多个顶级网球赛

事也相继落户深圳、北京、广州、武汉等国内各大城市，北京马拉松、环青海湖自行车赛、中国网球公开赛等赛事的商业品牌价值逐步提升。

四、加快推进体育文化建设，满足人民对精神文明的需求

体育活动是人们精神文化生活的重要组成部分，通过参与、体验不同体育活动，大众能够获得身心的愉悦。体育文学、体育新闻、体育影视等体育文化形式丰富了人们的精神文化选择。以中国女排为原型的体育题材电影《夺冠》获得行业、媒体和观众的好评。该影片获得第33届中国电影金鸡奖的最佳故事片奖、最佳编剧奖、最佳摄影奖三项大奖，总票房突破8亿元。此外，体育，特别是竞技体育，代表了人类对自身极限的挑战，其中蕴含的价值观念、意识形态、行为规范、审美情趣等是人类的宝贵精神财富。2021年夏天，中国奥运健儿在东京奥运会赛场上的精彩表现使中国人在享受竞技体育比赛带来的激情与荣耀的同时，也被中国选手彰显的为国争光、顽强拼搏的精神所感染，极大地激发了海内外中华儿女的爱国热情，振奋了民族精神。在加快体育强国建设进程中，需要更加关注和发挥体育在这方面的作用，以便更好地满足人民对精神文明的更高需求。

大力弘扬中华体育精神，振奋民族精神。继承和创新中华体育精神，深入挖掘精神内涵，创新表现形式。挖掘体育运动项目文化内涵，深入推动运动项目文化建设，讲好以运动员为主体的运动项目文化故事。培养和挖掘具有优秀品德和良好运动成绩的运动员，发挥优秀运动队和运动员的示范作用，促进体育精神的传播。以2022年北京冬奥会等重大国际国内赛事为契机，进一步加强中华体育精神的普及。

传承中华传统体育文化，增强民族文化自信。加强优秀民族体育、民间体育、民俗体育的保护、推广和创新，推进传统体育项目文化的挖掘和整理。积极开展体育非物质文化遗产保护工作，加强对体育文物、档案、文献等的保护和利用。开展体育非物质文化遗产的宣传教育活动，以及传统体育类非物质文化遗产展示展演活动，推动传统体育类非物质文化遗产进校园。丰富体育文化产品，满足人民多样化的体育文化需求。鼓励体育艺术创新，打造一批国家级、省市级的体育文化精品工程。推动开展体育影视、体育音乐、体育摄影、体育美术、体育动漫、体育收藏品等的展示和评选活动。

五、加快推进体育交流，推动人的社会关系全面发展

社会关系的发展程度决定着人的发展程度。人的全面发展意味着人的一切社会关系的充分发展。体育是一种教育手段，可以促进人的社会化和人的社会关系的发展。体育运动通过身体的对抗和竞争、人际交往和群体活动，成为培养和规范个体社会角色的活动，能够促进人的社会化。体育还是一个开放的系统和社会共同语言，可以跨越地域、宗教、种族、阶层等差异，促进不同阶层、不同群体之间相互了解，使彼此相互宽容。此外，在经济全球化时代，体育可以促进人的社会关系在国际层面的发展。体育是国际语言，可以跨越意识形态差异，推动不同文明之间交流互鉴，促进不同民族之间的共存和包容，增强人类命运共同体意识。体育外交是中国外交的一抹亮色，在"一带一路"倡议下，在人类命运共同体构建过程中，总能看到体育活跃的"身影"。在加快体育强国建设进程中，需要更加关注和发挥体育在这方面的作用，以便更好地促进人的社会关系全面发展。

六、加强体育交流，促进社会和谐与民族团结

广泛开展全民健身活动，大力发展群众喜闻乐见的运动项目，吸引更多的群众参与到体育活动中，促进不同阶层、不同群体之间的了解和尊重。扶持推广各类民族、民间传统体育项目，加深对不同文化风俗、价值信仰、宗教礼节的理解。我国的民族传统体育有近1 000项，绚丽多彩的民族传统体育成为不同民族娱乐、健身、文化交流的重要纽带。

七、加强对港澳台的体育交流，增强海峡两岸暨港澳地区的民族认同

做好港澳台体育交往工作，促进融合发展，增进同胞亲情和福祉，拉近同胞心灵距离。按照中央对台工作决策部署，构建两岸体育大交流格局，通过体育交流合作，增进两岸同胞相互了解，融洽彼此感情，实现心灵契合，推动两岸体育融合发展。全面深化与港澳地区的体育交流合作，以粤港澳联合承办第15届全国运动会为抓手，重点推进大湾区体育合作，更好地发挥体育在推动形成全面开放新格局方面的独特作用，大力助推粤港澳大湾区建设和区域融合发展，助力港澳融入国家发展大局。

第三节　体育强国建设的制度保障

体育发展必然伴随着社会的演变，必然构建体育制度体系、营造体育制度环境。体育制度体系为中国体育发展立柱架梁，体育制度环境为中国体育发展保驾护航。

一、建设体育强国需要体育制度领航

建设体育强国需要重视体育制度的根基，即体育制度的根本和基础。这包括加强体育设施建设、提高体育教育水平、完善体育法律法规等方面。只有夯实了体育制度的根基，才能为建设体育强国固本强基。在体育设施方面，需要加大对体育设施的投入，提高体育设施的质量和覆盖率。同时，还需要加强对体育设施的管理和维护，确保设施的长期使用和可持续发展。在体育教育方面，需要加强体育教育体系的建设，提高体育教育的质量和水平。这包括加强体育师资队伍的建设、完善体育课程设置、加强学生体质健康监测等方面。在法律法规方面，需要加强对体育领域的监督和管理，确保体育市场的规范和有序。同时，还需要加强对运动员权益的保护，建立健全的法律法规体系，为体育事业的发展提供有力的法律保障。

只有把握好体育制度全局性的规律，才能使体育事业与体育产业齐头并进。建设体育强国需要从全局出发，把握好体育事业与体育产业之间的关系，使两者相互促进、共同发展。在体育事业方面，需要加强竞技体育和群众体育的协调发展，促进全民健身的普及和竞技运动水平的提高。同时，还需要加强青少年体育教育，培养更多优秀的后备人才。在体育产业方面，需要加强对体育产业的扶持和管理，推动体育产业的快速发展。这包括加强体育场馆的建设和管理、发展体育旅游、推广体育彩票等方面。同时，还需要加强对体育产业的监督和管理，确保市场的规范和有序。

只有抓牢了体育制度的稳定性特征，才能有条不紊地提升中国人民的体育素质。建设体育强国需要坚持长期性和稳定性原则，以确保体育事业的长远发展和可持续发展。在长期性方面，需要制定长远的发展规划和发展战略，确保体育事业的长期稳定发展。同时，还需要加强对体育人才的培养和管理，建立科学的人才培养和管理机制。在稳定性方面，需要保持政策的稳定性和连续性，确保政策

的贯彻和执行。同时，还需要加强对体育领域的风险管理和安全保障工作，确保体育活动的安全和稳定。

二、中国特色社会主义制度是体育制度的政治基础

体育制度的建立完善已经融入中国体育发展的历史进程中。从中国体育制度体系雏形的建立到实现体育治理体系与治理能力现代化，每一步都在培育体育制度的沃土。为改变"工农群众被剥夺了真正的体育训练的一切权利"的状况，早在1949年10月，中华人民共和国中央人民政府刚刚成立，就组织召开了"全国体育工作者代表大会"，向全国发出建设"民族的、科学的、大众的"新体育的号召。1952年6月10日，毛泽东同志亲笔书写了"发展体育运动，增强人民体质"的题词，为我国体育制度奠定了重要的思想基础。《中华人民共和国体育法》明确保障人民的基本体育权益，从本质上充分体现了中国体育制度的构建与发展。

体育体制属于体育制度的范畴。国家发展体育，首先高度关注和构建体育体制，因为它是制约或促进体育运动各种组成因素的代表机构，既是发挥作用的平台，又是加强相互联系的纽带。既然体育体制属于国家发展体育事业的机构设置，它就有明确的代表性，在体育实践中厘清领导隶属关系需要有渗透性，划分管理权限的边界需要有协调性，制定与实施体育相关制度需要有全面性。中国体育制度要规范、约束体育体制的明确代表性，就要坚定不移地走中国体育发展道路，完成建设体育强国的历史使命；要赋予体育体制的渗透性，就要理顺各方面的关系，凝聚建设体育强国的力量；要强化体育体制的协调性，就要在建设体育强国的过程中做到思想同心、目标同向、行动同步；要塑造体育体制的长久性，就要将体育制度在巩固社会和谐稳定、强化社会和人协调发展、促进人的全面发展方面的作用发挥到极致久远。体育体制要充分发挥其代表性、渗透性、协调性和全面性的潜质，还需要中国体育制度建立良好的体育运行机制来激活。

中国体育制度随着中国社会的产生而产生，也随着中国社会的发展而发展。不能将它们限定在僵硬的定义中，而是要在它们的历史的或逻辑的形成过程中对其加以阐明。中国体育制度自信的源头活水在于中国特色社会主义制度的引领。弘扬先进体育文化是风向标，满足人民群众强身健体、陶冶情操的需求是助推器，中国特色社会主义理论是压舱石，建设体育强国是导航仪。风向标是树标兵、带追兵，在全社会营造"比学赶帮超"的浓厚氛围，用风清气正净化社会风气；助推器是中华民族永远自立于世界民族之林的软实力，软实力融汇中华民族复兴的

硬实力就会变成攻坚克难的"巧实力";压舱石保证中国体育的航船行稳致远,早日到达光明的彼岸;导航仪使中华民族追求卓越的品质大有作为、历久弥新。

在党和国家的谋篇布局中,体育成为联系世界的窗口。在保家卫国、建设社会主义的实践中,体育的贡献举足轻重。党和国家在不同历史时期为体育发挥用武之地搭建平台,提供制度保障。中国共产党以满怀的自信构建中国特色社会主义制度并引领中国体育制度建设,用体育制度框架为开辟中国体育道路铺路架桥,在总结体育工作的得与失中进一步丰富、完善体育制度框架。中国体育制度始终确保马克思主义的指导地位,奠定了引领中国体育沿着正确轨道发展的思想基础;牢记"体育为人民服务"的指导思想,找准了体育发展的出发点和落脚点;推动完成树立社会主义核心价值观的根本任务,夯实了中国体育奋发图强的共同思想基础。外树形象,促进中国体育融入经济社会发展,建设健康中国;内强能力,协调体育事业与体育产业、群众体育与竞技体育齐头并进。

三、体育制度的自觉、自信与自强

体育制度的自觉表现在,正是由于中华民族历经磨难,才彰显出中国体育的光荣使命。体育制度能将其潜质发挥得淋漓尽致就是好制度的显著标志,矢志不渝地推动中国体育的大繁荣、大发展成为体育制度的高度自觉。体育制度的自信表现在中华优秀传统文化基因滋养的自尊心、自信心和自豪感是中国体育的精神命脉。以中国体育制度为引领,挖掘、扩容中国体育文化的蓄水池,使建设体育强国拥有取之不尽、用之不竭的精神力量,也是体育制度自信的力量源泉。党和人民对体育的厚爱是体育制度自强的坚强保障。"乒乓外交"用"小球"推动地球,促进我国对外交流;在 2008 年北京奥运会的表彰大会上,党中央号召向体育强国迈进,中国体育成为各行各业奋发图强的领头羊。

《中华人民共和国宪法》第二十一条规定:"国家发展体育事业,开展群众性的体育活动,增强人民体质。"因此,要遵照宪法精神,增强体育制度自觉,推动中国体育事业、体育产业和体育文化蓬勃发展。要依照宪法规定增强体育制度自信,以体育制度编织人民群众体育权益的保护网,为国家富强创造物质文明,为民族振兴传播精神文明,为人民幸福树立制度文明。充分发挥中国体育制度的作用和优势,在坚持和发展中国体育实践中进行体育制度创新,建设体育强国的宏伟目标终将实现。

第三章 体育强国实现路径之体育文化建设

　　文化软实力是我国的政策议题，也是备受国际关注的一个焦点。体育作为一种特殊的社会文化，是文化软实力的重要组成部分。在新的历史时期，随着我国体育强国建设的不断推进，提升体育文化软实力显得更加重要，因此必须全面推动我国体育文化软实力的提升，争取早日实现建成体育强国的战略目标。

第一节 体育文化与体育文化软实力

一、体育文化概述

(一) 体育文化的概念

体育是人类在长期的发展历史中创造的一种身体文化。体育文化指的是人们在促进自身健康、提高人类生活质量的社会活动中创造并形成的一切物质财富与精神财富的总和,包括与之相适应的社会组织及规范体育活动的各种思想、制度、伦理观念与审美理念,以及为实现目标而采取的各种措施和相应的成果。

(二) 体育文化的结构要素

体育文化的结构要素包括物质文化、精神文化和制度文化。

1. 物质文化要素

体育物质文化是一种特殊的文化形式,它以体育为目的或以体育运动方式而存在,主要包括体育器材及场地设施、体育运动形式和体育物品。这些物质形态的存在是体育文化的重要组成部分,它们不仅为体育活动提供了必要的物质条件,还反映了社会和人类的价值观和审美观。

体育器材及场地设施是体育物质文化的重要组成部分。随着科技的不断发展和人们对体育健身的需求不断增加,体育器材及场地设施的种类和数量也在不断增加。这些设施不仅为人们提供了便利的健身条件,也成为城市景观和文化符号。例如,奥林匹克运动会作为全球性的体育盛会,其主会场和各种比赛场馆的设计和建造都代表了当代建筑和设计的最高水平,成为城市和国家形象的代表。

体育运动形式是体育物质文化的另一个重要组成部分。体育运动形式的产生和发展与社会历史背景、民族文化、宗教信仰等密切相关。例如,中国武术的发展就与中国的历史文化传统密切相关,而篮球这项运动的产生则与美国基督教青年会的宗教活动有关。体育运动形式的多样性不仅反映了人类文化的丰富性,还为人们提供了多种多样的健身方式和文化娱乐方式。

体育物品也是体育物质文化的重要组成部分。体育物品包括各种运动装备、运动鞋、运动服等。这些物品的生产和销售不仅满足了人们对体育健身的需求,也成了时尚和潮流的代表。例如,运动品牌的推出和更新换代的速度非常快,而且经常与时尚界合作，成了年轻人追求的潮流和时尚。

2. 精神文化要素

体育精神文化是一种深层次的、主观的文化现象，它涵盖了人类对体育的理解、认识、信仰和价值观等内容，是人类借助体育或者以体育为依托的改造主观世界的活动及产物。

体育作为一种实践性的活动，其本质是改造人类的精神。这种改造既包括对人类身体的锻炼和塑造，又包括对人类精神层面的提升和转变。体育活动中的竞争、合作、规则、公正等元素都是对人类精神的一种锻炼和塑造。通过参与体育活动，人们能够学习到如何尊重规则、如何面对失败、如何与他人合作等重要的生活技能。同时，体育活动也能够培养人们的意志力、毅力和抗挫折能力，从而提升人类的精神品质。

体育不仅是一种实践性的活动，更是一种思想观念和理论体系。在人类历史长河中，不同时期、不同地域的哲学家、思想家都曾经提出过关于体育的重要观点和理论。例如，中国儒家思想就强调了体育对于培养人的品德和促进人的身体健康的重要性；古希腊哲学家亚里士多德认为，体育是人类培养品德和智慧的重要手段，是人类社会进步的基础。这些思想观念和理论体系都是以体育为载体对人类精神的一种改造和提升。

除思想观念和理论体系外，人类还通过制订行动计划来改造自己的精神。在体育活动中，人们会根据自己的需求和目标，确定相应的训练计划和目标。这些计划和目标不仅能够帮助人们更好地进行体育锻炼，也能够激发人们的内在动力和自信心。同时，参与体育活动还能够让人们感受到自我实现的价值感和成就感，从而提升人类的精神品质。

艺术文化也是表现体育精神的重要方式之一。在文学、电影、戏剧等艺术形式中，经常会出现与体育相关的主题和元素。这些作品通过讲述与体育相关的故事，展现出人类在体育活动中所追求的精神品质和价值观念。例如，印度电影《摔跤吧！爸爸》根据印度摔跤手的真实故事改编，讲述了曾经是摔跤冠军的父亲培养两个女儿成为女子摔跤冠军，打破印度传统的故事，展现出了父爱、家庭、女性意识、奋斗等重要的价值观念。

3. 制度文化要素

体育制度文化是人类文明的重要组成部分，它以体育运动的方式进行自我完善，并调节与规范体育活动中人们之间的各种关系。这种制度文化不仅使体育活动有章可循、有规可守，还为体育的可持续发展提供了坚实的保障。

进行体育活动的各种组织形式是体育制度文化的基础。这些组织形式包括各种体育协会、体育俱乐部、体育赛事组织等，它们为体育活动的开展提供了平台。通过这些组织形式，人们能够聚集起来共同参与体育运动，实现自我提升和自我完善。同时，这些组织形式也为体育活动的规范化、标准化奠定了基础，使得体育活动能够更加公平、公正、有序地开展。

促进体育发展的各种组织机构是体育制度文化的重要支柱。这些机构包括各种体育基金会、体育科研机构、体育教育机构等，它们为体育的发展提供了资金、技术和人才支持。通过这些机构，人们能够获取到更加全面、更加专业的体育教育和培训，从而提高自身的运动水平和健康水平。同时，这些机构还为体育科研提供了平台，推动了体育科技的进步和创新，为体育事业的发展提供了不竭的动力。

影响体育活动的各种原则制度是体育制度文化的核心。这些原则制度包括各种体育法律法规、体育政策、体育管理制度等，它们为体育活动的规范化和良性发展提供了保障。通过这些原则制度，人们能够了解到哪些行为是被允许的、哪些行为是不被允许的，从而更好地规范自身的行为。同时，这些原则制度还为体育活动的公平性提供了保障，使得每个参赛者都能够在一个公正、公平的环境中进行竞争。

此外，随着社会的发展和人们对体育需求的不断增加，体育制度文化也在不断地发展和创新。未来，我们可以预见到更加完善、更加科学的体育制度文化的出现。这些新的制度文化将更加注重对个体差异的包容和尊重，更加注重对多元化需求的满足和实现，更加注重对环境保护和可持续发展的倡导和实践。同时，新的制度文化还将更加注重对科技进步和创新的引领和推动，为体育事业的发展注入新的活力和动力。

（三）体育文化的功能

1. 传播功能

体育文化有一个非常重要的功能，即传播。传承与扩展则是体育文化传播的两条重要途径。传承体现了体育文化在时间上的连续传播。这不仅是对古老体育技能和知识的传递，更是对体育背后所蕴含的价值观和哲学的延续。历经千年，许多传统的体育项目、规则和仪式得以保留，正是因为有了这种跨越世代的传承，才确保了体育文化的生生不息。扩展则主要体现为体育文化在空间上的蔓延与扩散。随着国际化步伐加快，各种体育项目和理念跨越国界，被更多的人认识和接纳。例如，起源于某个地区的传统体育项目，可能会因为其独特的魅力而逐渐风靡全球。这种空间上的扩展不仅丰富了各地的体育文化，也促进了不同文化背景下的人们通过体育来交流与融合。传承与扩展相辅相成，共同推动了体育文化的发展与繁荣。在时间的长河中，我们需要继续珍视和传承那些具有历史和文化价值的体育传统；在空间的广袤中，我们也应该积极推广和分享各种优秀的体育项目与理念，让体育文化的花朵在全球范围内绽放。

2. 教育功能

现代体育文化对人们的生活环境和自我塑造产生了深远影响，具有教育功能。它不仅对人的体质发育有直接作用，也深深影响着个人性格的形成和发展。

从体质发育的角度来看，体育文化的重要性不言而喻。通过参与体育运动，人们能够锻炼身体，增强体质，提高身体的健康水平。运动不仅可以改善心肺功能，增强肌肉力量，提高身体的耐力和灵活性，还能帮助人们预防疾病，保持健康。此外，运动过程中的身体接触和团队合作也能帮助人们建立良好的社交关系，培养团队协作能力。

体育文化对于个人性格的形成也有着重要的影响。体育运动往往需要人们克服困难，迎接挑战，这种经历能够培养人们的坚韧性和毅力。同时，参与团队运动需要人们学会与他人合作，理解和尊重他人，这有助于培养人们的团队精神和集体荣誉感。此外，体育运动中的规则和公正性能够帮助人们形成公正和公平的观念，培养良好的道德品质。

3. 凝聚功能

体育比赛是一种特殊的社交活动，它能够将不同民族、国家、信仰的人们聚集在一起，这种聚集不仅体现了体育文化的凝聚功能，也展示了人类对体育的共同热爱和追求。体育文化的凝聚力是其他文化所不能企及的，并且这种产生于体育文化精神层面的凝聚力是相对稳定的。在体育比赛中，无论是来自东方还是西方，无论信奉何种宗教，无论是富裕还是贫穷，都可以在同一个赛场上竞技，以公平、公正的体育精神去追求胜利。这种跨越民族、国家、信仰的聚集，无疑增强了人们对体育文化的认同感和归属感。此外，无论比赛的结果如何，体育精神都能促使人们以积极、健康的态度去面对和接受，从而使得体育文化在人类社会中具有持久的凝聚力和影响力。

4. 吸收与创新功能

国家体育只有融入世界体育的潮流，才能取得进步与发展，反之则会落后而封闭。因此，我国必须吸收和借鉴其他国家和民族的先进体育文化以实现本国体育文化的创新与提高。现阶段，我国不断与西方体育展开交流与互动，通过学习与借鉴西方体育文化中的优秀成分促进本民族体育文化的繁荣发展。体育文化的创新功能体现在培养身心健康、充满活力的人才，促进文化革新与发展等方面。

二、体育文化软实力概述

（一）体育文化软实力的概念

体育文化软实力是国家体育总体实力和国家文化软实力的重要组成部分，具体是指一个国家的文化因素（体育价值观念、体育制度、体育发展模式及民族传统体育文化等）在国内产生的引导、动员、凝聚的力量及在国际上产生的说服、吸引和渗透的力量。

（二）体育文化软实力的特征

1. 内隐性

体育文化内层的精神文化、制度文化是体育文化软实力的主要内容。体育内层文化是无形的，主要通过抽象、判断、感悟、理解等方式与外界沟通联系。因此，体育文化软实力是隐性的，而且其施力过程同样如此。

2. 吸引性

优秀文化本身就具有极强的吸引力。国家软实力的深层根源和核心实力主要就是文化魅力。文化具有特殊的力量，它没有强制性，主要靠精神、情感来潜移默化地影响人，而且渗透性和超越性较强。从根本上来说，文化魅力是国家软实力中"软"的主要体现。同时，软实力的"力"也体现在文化特殊而强大的"魅力"上。优秀的体育文化犹如具有强大磁力的磁铁一样吸引着人类。

3. 扩散性

体育文化软实力具有易扩散的特征。强烈的竞争意识、良好的团队协作能力是现代人必须具备的精神和能力，而体育则可以有效培养人们的这些精神和能力。现在，体育已成为现代人生活的一部分，对于现代人来说，这部分内容不可或缺。毫不夸张地说，现在社会的每个角落都有体育的痕迹，体育文化或多或少地影响了世界上的每个人，这体现了体育文化软实力的扩散性。

4. 非强制性

文化软实力与文化硬实力是相对应的概念，二者在实施力量方式上存在差异。硬实力具有强制性，以强硬的力量将对方征服；而文化软实力则不然，其以柔性的方式获得利益，并对自己的利益加以维护，可见文化软实力是非强制性的。

　　人们仰慕并追求美好的体育价值观、体育道德、体育精神，甚至会为这样美好的文化而倾倒，而采用硬性的力量手段强迫人们接受美好的体育文化则完全没必要。非强制性的体育文化可以使人们不同层次的需求得到满足，因此不需要采用任何强制性方式与手段就可以使人们积极地参与到体育活动中，体育文化软实力以其巨大的魅力赢得了人们的认可。

5. 易接受性

　　人类认识和模仿体育相当方便，这就为体育的传播提供了便利。没有任何一种文化现象可以像体育这样易于沟通人们的思想情感，提高民族认同感。在体育文化软实力的施力过程中，体育文化软实力之所以容易被客体接受，正是因为其具有易接受性，体育文化软实力强大的渗透力和融合力也是由这一特点决定的。在这一基础上，各国体育文化相互交流、相互融合，共同促进世界体育文化的繁荣发展。

第二节　体育文化的交流与发展

一、体育文化交流与发展的意义

（一）促进体育事业的发展

　　体育文化从产生之初就已经出现了一定形式的交流现象，任何时期的任何一个民族或国家都难以游离在世界体育文化的相互交流之外。在与其他民族或国家的体育文化进行交流时，本国体育文化会受到"刺激"，从而补充新的体育文化，促进体育事业发展壮大。例如，中华人民共和国成立后，主动与其他国家进行体育文化交流，从而达到维护国家主权、扩大国际影响、推动体育改革、促进体育发展、增进和平友谊等目的，使得中国体育文化呈现勃勃生机。

（二）推动体育文化持续不断地向前发展

　　各个国家或民族之间的体育文化交流不但可以使民族之间的融合性得到增强，而且还能使国家之间的了解进一步加深，从而增进国与国、民族与民族之间的感情。对于任何一个国家或民族来说，体育文化的交流与传播都可以使本国或本民族的体育文化得到持续不断的发展。

(三)促进各地体育文化的均衡发展

由于不同地区的自然条件及社会发展都存在一定差异,各地体育文化的发展呈现不平衡的特点。通过各地体育文化的交流与传播,能够将落后地区体育文化的发展有效带动起来,这对各地体育文化的平衡发展具有重要意义。体育文化交流的调节作用主要就在于交流的各方都能汲取对方的精华、吸取对方的经验教训,相互补充、共同发展。

以中国武术为例,武术文化的发展就是在交流中不断融合各民族武术,汲取其他民族武术的优秀元素,从而形成了重人伦、讲武德、讲究身心兼修的武技伦理观念和独具一格的运动文化体系。

二、体育文化的主要交流方式

(一)移民迁徙

移民迁徙大多是指由天灾人祸,尤其是战争和瘟疫造成的影响极为广泛的人口大迁移,这种迁移在多国史册上都有所记载。因此,这也是最常见的体育文化交流方式之一。在中国历史上,曾多次出现民族大融合,中原民族和北方民族间的移民迁徙是造成这一现象的主要原因。在民族融合过程中,不同民族的体育文化相互交流、融合,从而促进了中国传统体育文化的繁荣。

(二)贸易往来

在贸易往来中,往往伴随着体育器械的交易,这种交易对体育物质文化的交流具有重要的促进作用。例如,中国古代时期与朝鲜、日本的贸易往来往往伴随着体育器械的交易,而且商人也在贸易往来中获得了对交易国生活方式的了解,这对其所在地区体育文化的发展起到了一定的促进作用。

(三)旅游与留学

在不同的历史时期,各个国家都有不同程度的往来,其中最普遍、最常见的往来形式是旅游和留学。这种方式对各个国家体育文化的交流起到了重要的促进作用。例如,意大利的马可·波罗在元代到中国旅游,对中国文化有了一定了解,回国后将这些文化传播到欧洲,其中就包含中国体育文化,这对中西体育文化的交流起到了积极的推动作用。我国出国学习的留学生中也有许多人把留学国家的体育文化带回本国。例如，詹天佑等知名学者在赴美国练习棒球后回国，积极影响了中国棒球运动的开展。

（四）外交活动

体育文化也可以通过外交活动实现交流，如中国在1971年与美国开启"乒乓外交"就是一个通过外交活动促进体育文化交流的实例，不仅在体育文化层面上推动了两国的交流，而且使两国在其他方面有了频繁互动。

（五）书刊往来

载有体育内容的书刊往来对体育精神文化的交流也起到了重要的促进作用。例如，民国初年，大量西方体育项目传入中国，在这一阶段，我国翻译出版了不少西方的著作，其中就有关于西方体育的著作。20世纪二三十年代，中国体育杂志上刊登过不少西方国家的知名体育人物和事件，可见书刊往来也是体育文化交流的一种重要方式。

（六）大众传媒

在科学技术快速发展的今天，人们获得信息的途径越来越多元，大众传媒在推动体育文化交流方面的积极作用也日益凸显。通过大众传媒，各种体育比赛的现场直播、国际性的广播、体育电影和体育电视节目都可以让观众更加直观地欣赏体育比赛，取得无人不知、无人不晓的效果，可见大众传播媒介对体育文化的交流和传播起到举足轻重的作用。

体育文化的交流方式远不止以上六种。随着社会的不断发展和进步，体育文化交流方式也在不断增加，并且有了多样化的转变，这就进一步丰富了体育文化的研究内容，为体育文化交流与发展的研究提供了更多的角度，从不同角度出发研究体育文化有助于提高对体育文化的认识与理解水平。

三、我国体育文化的现代化发展

（一）中国文化转型推动体育文化发展

21世纪以来，随着改革开放进程的不断加快，我国社会主义市场经济也开始步入现代化发展阶段。迅速发展的经济使我国发生了重要的社会转型，并使我国文化面貌发生了明显的改变，促进了文化更新，极大地影响了我国体育文化的格局。

文化的多重结构与过渡性发展趋势受多重社会因素（如经济发展、科技进步、人口流动等）影响。在这一过程中，体育文化呈现社会化发展的动态特征，如自我体育意识兴起、体育生活化等，使体育文化进入新的发展境地，具体表现在以下四个方面。

第一，我国文化创新的趋势与文化传承的态势越来越明显，这受到了文化的现代化发展的影响。在运动训练领域，体育文化创新备受关注；在大众体育健身方面，人们对观念更新与技术创新的重要性也逐步有了深入的认识。

第二，我国文化融合大于文化净化，这受到了不断提高的社会开放程度的影响。我国从其他国家引入了一些新奇的体育文化，这些外来体育文化对我国传统体育文化造成了一定的冲击。

第三，随着市场经济的发展，大众体育文化与精英体育文化由冲突走向兼容与融合。现在大众体育文化中流行的台球、保龄球等项目曾经属于精英体育文化。

第四，社会呼唤可以体现市场经济需要的新价值和新道德，文化变迁与文化冲突日益提高了这种呼唤的音量。传统落后的体育文化价值观与体育事业的发展不相适应，人们期待建立与体育事业发展相符的新价值标准。

在激烈的世界体育文化竞争中，我国体育文化要想立于不败之地，就必须重视创新，在继承优秀民族传统体育文化的同时，创造新的体育文化。

（二）文化市场的兴起促进体育文化产业的发展

随着我国文化市场的兴起与壮大，其发挥的作用也越来越重要，具体表现在促进社会主义精神文明建设、促进文化艺术的繁荣、促进中外文化的交流等方面。我国体育文化产业包括体育科技文化产业、体育媒体文化产业、体育艺术文化产业、体育教育文化产业、体育旅游文化产业等内容，这也是我国体育文化体系的基本内容。它们是一个有机整体，相互联系、补充，同时又相互制约，在社会经济发展中的地位都非常高，而且发挥着不可忽视的作用。

在体育产业和体育事业发展过程中，应将体育文化产业放在战略高度的位置。体育有形资产和体育无形资产的有效衔接离不开体育文化产业的中介作用。现代体育文化产业体系已基本完备，而且与体育用品销售、职业体育俱乐部经营、体育竞赛经营等发展较好的体育产业相比也没有明显的差异。发展体育文化产业不但能够获得良好的经济效益，还能推动体育文化的传播与推广，促进健康文明的生活方式的形成。

第三节 体育文化模式的构建

一、现代体育文化模式构建的基本要求

文化模式是特定民族、社会或地区的各文化特征长期相互联系、适应而形成的协调一致的组合状态和构成方式。

体育文化是文化的重要组成部分，也具有一定的模式。体育文化模式是指各个国家、民族、地域的体育文化特征相互作用而形成的比较稳定的组合状态和构成方式。体育文化模式是历史的产物，是在长期的发展过程中形成的。对体育文化模式进行研究，不仅对于了解人类体育文化的历史个性和特殊价值取向有利，而且对于促进体育文化的未来发展也具有非常重要的意义。体育文化模式的构建需要注意以下要点。

（一）正确处理社会需要与主体需要的关系

体育文化的社会需要与主体需要之间有相同之处，但也存在一些明显的区别，具体表现在出发点、形成机制、表现形式、类别属性等方面。在长远的发展历史过程中，体育作为一种文化现象，其发展的根本意义是适应和满足社会需要，而较少涉及关于自身的主体需要，这就导致体育文化在一定程度上成为促进社会发展的一种"工具"。因此，只有正确处理好体育文化主体需要与社会需要之间的关系，从体育文化的理念、物质、制度与行为等角度出发，使其成为一个有机的文化系统，并且促进体育文化的社会需要与主体需要的有机结合，才能顺利完成现代体育文化模式的构建，从而在信息时代达到促进体育文化进一步发展的目的。

（二）正确处理主观能动性与外部干预的关系

体育文化在发展过程中所面临的影响因素是多种多样的，因此需要对体育文化发展的主观能动性与外部干预之间的关系进行妥善处理。具体来说，就是要明确诸如谁来建设体育文化，如何建设才能够取得低成本、高效率的效果等问题。

体育文化的建设与发展不仅与自身主观能动性的参与有密切的联系，还受到大量外部因素的推动。这两方面的因素都对体育文化的进一步发展起到积极的促进作用。在过去的计划经济时代，国家对体育的控制在一定程度上对体育文化的

发展造成了限制，这种外部干预使当时体育文化的发展呈现明显的国家性特征，而社会性特征却不明显。改革开放后，随着经济改革的深入，我国社会各个层面的改革都取得了骄人的成绩，在这样的背景下，体育文化也取得了较大的发展成就。在新时代，各种文化间的碰撞越来越频繁，面对如今多元文化并存的局面，我国体育文化只有不断发展与创新，才能在保持自身特色的基础上屹立于世界文化之林。要大力发展体育文化，还需要具备开放的心态和勇于接纳的胸怀，使本国的体育文化与其他国家的体育文化相互碰撞、吸收与融合，真正形成具有自身特色和良好竞争实力的体育文化，同时在融合中也要注意创新和与时俱进。

需要强调的是，体育文化的快速发展仅仅依靠外部因素的干预是不可行的，而必须经历体育文化主体自身不断地整合、选择与建构的过程。在实际工作中，应该对外部干预进行控制，明确政府主管部门的角色，不要让其"独揽大权"。政府在履行自身职责的过程中，要注意发挥市场对体育文化的导向作用，要对文化主体表现出充分的信任，相信文化主体有能力推动自身的发展。因此，只有将主观能动性和外部干预之间的关系处理好，才能推动体育文化更快更好地发展。

二、不同社会阶层体育文化模式的构建

（一）不同社会阶层体育文化差异理论模型

不同社会阶层形成的体育文化模式是不同的。由于社会资本、经济资本和文化资本的不同，不同社会阶层参与体育活动所表现出的价值取向与行为方式都是有区别的，这主要与各阶层的地位特征有关，而处于同一社会阶层的人在体育活动中所体现出的行为方式和价值观则基本相同。据此可知，行为是受文化模式影响的。如果某一体育活动所设定的社会阶层定位不符合人们所处的实际社会阶层，人们几乎就不会选择参与这项体育活动。不同社会阶层参与体育项目的特点如下。

第一，社会阶层越高，绝对消费水平也就越高，即体育消费水平与社会阶层呈正相关。

第二，社会阶层越高，人们就越倾向于选择难度较高的体育项目，即体育项目的难易程度与社会阶层的高低呈正相关。

（二）不同社会阶层参与体育活动的文化模式

不同社会阶层参与体育活动所表现出来的模式化倾向并没有明显的差异，更

多的是这些倾向之间相互渗透、相互重叠。不同社会阶层参与体育活动的文化模式主要可以分为三种类型，具体分析如下。

1. 以健身为特质的康乐文化模式

以健身为特质的康乐文化模式对应的人群主要是社会中下层群体。这些群体的生活水平较低，没有富余的财力。体力工人劳动者、没有经济来源的下岗工人和一些收入较低的退休职工是这一阶层群体的主要代表。他们主要从健康的角度来理解体育活动的价值与功能。他们参与体育活动主要是为了健身，其次是为了打发时间，体育活动的本质性生物功能是促使他们参与其中的主要动力。

一方面，体育消费倾向少花费、易获得。社会中下层群体的经济来源少、收入低，这对其社会参与行为造成严重的制约，使其在体育消费中也滞后于其他阶层。体育运动服装是他们进行体育消费的主要领域，需要缴费的体育场所他们几乎不会主动进入，而且他们在体育活动器材方面的投入也十分有限。在获得体育消费信息方面，这部分群体也表现得较为消极。

另一方面，体育活动方式简约化。现存的体育项目概括起来可分为四大类型：体能密集型、技术密集型、消费密集型和时间密集型。其中，时间密集型和体能密集型的体育项目是社会中下层群体的主要选择。他们参与体育活动主要是为了锻炼身体，保持好的身体素质。由于技能水平有限，这部分群体会选择一些比较简单的项目。

2. 以娱乐为特质的情趣体验文化模式

娱乐是体育活动场所的基本功能之一，丰富多彩的体育娱乐活动吸引人们参与其中，达到缓解疲劳和精神压力的目的。以娱乐为特质的情趣体验文化模式对应的社会阶层主要是社会中间阶层。他们参与体育活动的主要目的是消遣和娱乐，对体育活动的健身功能、健心功能及娱乐功能十分重视。

一方面，体育消费更加理性。这一部分群体处于一种中间位置，他们在体育消费方面比较理性，对过高的消费会有意识地避免，更注重体育活动的健身性、实用性及娱乐性。在体育消费时，他们通常会把握一个"度"，不选择超出自身承受范围的消费。社会中层人群拥有一定的社会资源，但受经济收入水平的影响比较大，在体育消费中表现出一定的敏感性。他们往往会根据不同情况表现出一定的偶然性和淡然性，是受"体验经济"影响最大的群体。社会中间阶层的部分个体参与体育活动的方式具有"他人导向型"倾向，表现出对新奇事物的尝试与追逐。他们参与体育活动更像一种从众行动，体现出"求同去异"的心理机制。为了与规范、标准的"大众"保持一致，他们容易丢失自身的风格，在众多体育消费活动选择上往往表现出被动接受的特点。

另一方面，体育行为方式大众化。社会中间阶层往往会以健身和娱乐为主要目的而选择体育活动，在项目选择上表现出大众体育文化倾向。他们所选的体育活动具有一定的共性，即较为简单、容易学习与掌握、消费不高。他们参与的体育活动在伙伴选择上没有过高的要求，容易通过血缘关系和地缘关系找到合适的伙伴。他们对活动场所也没有太高的要求，只要环境和设施能够满足基本健身和娱乐需要即可。

3. 以文化为特质的自我实现文化模式

现代体育逐渐成为人们生活方式的文化基础，体现人们的价值取向。关注体育文化特质可以在一定程度上实现人自身的人格发展目标，因此这自然地成为社会上层、中上层参与体育活动的文化模式。这一阶层主要包括企事业单位管理人员、公务员、事业单位员工、私营企业主等社会精英和等级较高的白领阶层等。对于他们来说，参与体育活动除了是为了满足锻炼身体、增进健康的需求，也是为了关注体育中自我发展空间和生活的文化意义。从参与体育活动的动机来看，体育的文化功能备受这些群体的关注。他们也非常重视人与人之间的交流和沟通，希望通过参与体育活动与同一阶层或更高阶层的人建立良好关系，形成稳定的交际圈，为以后自身的发展积累社会资本。

一方面，体育消费倾向专业性。社会中上层的时间成本比社会中下层要高，他们在参与体育活动时比较关注时间与消费的比例问题。也就是说，短时间内能够产生更多消费的体育项目是他们更乐意选择的。社会上层和中上层与其他阶层相比更加关注体育项目的文化性，在体育消费中追求体育运动的专业化。这种专业化并不是指追求体育技能，而是主要从该体育项目所包含的文化层级进行考虑。社会上层及部分中上层群体的体育消费并不单纯是对体育活动本身的消费，他们将这种单纯消费转化为某种富有文化精神内涵的意义消费，还有对某种生活方式认同的消费。

另一方面，体育方式具有阶层特征。社会上层及部分中上层群体与其他阶层群体相比受教育程度较高，他们对体育活动方式、场所、时间及伙伴的选择有一定的模式化特征。比如，他们选择游泳、舞蹈、网球、瑜伽等体育项目的概率高，每周参与体育活动的次数也比其他阶层多，时间长的体育活动较受他们的欢迎。他们在选择体育活动的伙伴时主要从兴趣和业务两个角度的需求出发。

第四节 体育文化建设实现体育强国的路径

一、重构体育价值体系

（一）体育价值体系建设

1. 体育价值体系的结构

体育价值体系主要由核心价值和外围价值两部分组成。前者的主要特点是比较稳定，后者相对于前者比较松散。体育价值体系是否具有稳定性，主要由其核心价值这一组成部分决定，核心价值的吸引力、说服力越强，越能够增强整个价值体系的稳定性，因为它能够对社会生活中的各种困惑和矛盾作出合理解释和科学说明，以精神的力量对外界困难进行处理，以及缓和外界矛盾。因此，在体育价值体系建设中，构建核心价值体系尤为重要。体育核心价值主要体现在以下三个层面。

第一，生物层面的"健康"。体育的本质功能是促进人体健康，因此在体育生物层面的价值中，选取"健康"作为代表。

第二，精神层面的"进取"。关于体育价值体系中精神层面的价值，有关学者从不同文化类型中寻找共同点。现代体育是从西方体育文化传统中发展而来的，因此在现代体育价值体系中，精神层面的价值主要表现为"竞争"。此外，"天行健，君子以自强不息"式的进取精神也对东方体育文化产生了深刻的影响。因此，东方传统文化具有"进取和竞争"的传统精神。

第三，社会层面的"和谐"。社会中的每个人都会不可避免地与人交往，交往中伴随着合作与竞争，不论人与人之间以何种形式交往，都有一定的秩序规范可循。体育运动育人功能的实现与其严格的规则密切相关。尊重规则和对手、维护社会秩序、促进社会和谐等是体育的社会功能体现，因此将"和谐"作为体育社会层面的核心价值。

2. 体育核心价值体系的构建

一般来说，分析社会价值体系需要从分析社会价值追求、理想、取向和价值规范等角度着手。从哲学视角出发，可以将社会主义核心价值体系分为四个部分，即作为社会主义核心价值体系基础的社会主义荣辱观、作为主题的中国特色社会主义共同理想、作为精髓的以爱国主义为核心的民族精神和以改革创新为核心的时代精神、作为灵魂的马克思主义指导思想。按照社会主义核心价值体系的结构，又可以将体育核心价值体系的结构内容确定为四个部分，即公平竞争、身心全面和谐的发展、中华体育精神、以人为本。下面将具体分析体育核心价值体系的结构内容。

（1）公平竞争

争夺稀缺资源必须采取竞争手段，竞争在现代社会生活中随处可见。和其他领域的竞争相比，体育领域的竞争相对来说是比较公平的，这主要是因为体育的公开性。对于任何身体外的不平等，体育竞赛都无条件拒绝，在同等条件下公平竞争是体育竞赛的主旨。虽然不公平现象在体育发展实践中或多或少存在，但体育运动始终将公平作为基本准则和追求目标，正因如此，人们才将体育看作公平的象征。在体育领域，做什么、如何做都是明确的，而且运动员的行为准则和价值规范都非常严格，这都是由体育运动的公平性所致的。

（2）身心全面和谐的发展

体育发展的根本目标是促进人的身心全面和谐的发展，这也是体育核心价值体系的主题。人是体育的主体，同时也是体育的客体，这里的客体主要是指人参与运动的身体。体育运动能够使人强身健体，培养人开放、竞争的性格，促进社会交往，实现全面发展目标。

（3）中华体育精神

体育精神是指人们在体育活动中形成的，以健康快乐、团结协作、公平竞争、挑战征服等为主要价值标准的意识、思维活动和一般心理状态[1]。中华体育精神是中国体育基本价值取向的重要体现，是中国体育核心价值体系的精髓。

体育精神并不是我国独有的，而是全世界共有的精神。中华体育精神应秉承"仁者爱人"的传统观念，应注重个体生命的具体性。只有体育由自我关怀到联系他人，情感由家庭、学校、社团扩展到社会、国家和世界，才能对协调统一的人文精神产生深刻的理解。此外，在遵从"以人为本"的同时，中华体育精神还应该坚持中华民族的独特个性，即"和而不同"。

（4）以人为本

作为体育核心价值体系的灵魂，"以人为本"是体育发展的重要指导思想。人类在体育活动中一次次向自身极限发起挑战，从而使新的纪录不断被创造，而且人类挑战极限是可以获得功利和其他回报的，但这并非体育的根本，它们都是

---

[1] "提升我国体育文化软实力核心问题研究"课题组编著：《中国体育文化软实力及其提升》，科学出版社2015年版，第170页。

特殊的工具，是为"人"服务的，如果不是为了服务于"人"，体育是不可能存在的。因此，要围绕"人"这一中心需要来开展每项体育工作，使人的价值和追求能够通过体育路径得以实现。

（二）体育价值体系的落实途径

1. 体制改革

客观存在的现象，尤其是现实的体育制度对人的体育观念产生了极为重要的影响。中国20世纪五六十年代形成的体育制度经过不断发展延续，计划经济色彩浓厚，使我国在"举国体制"下进行体育资源配置。这种体育体制产生的社会影响非常大，在形成之初发挥的作用也不容忽视。正因如此，在改革开放进程中，我国并没有对体育体制的发展方向作出调整，这样体育体制才能够继续按照历史惯性延续与发展。需要注意的是，体育的发展在社会转型中会受到各种价值冲突的影响，从而致使体育价值观念的异化，给原来的体育价值体系造成冲击。

合理改革现有的体育体制，以均衡而健康的价值取向来发展体育，有利于对落后体育价值观念的纠正。竞技体育和大众体育协调发展、相互促进，城乡体育协调发展等，都是体育协调发展的重要体现。只有按照客观规律促进体育资源的合理流动，并以此为基础适当向弱势群体倾斜，才能使体育的公平性真正发挥作用，才能更好地对体育的身心健康价值进行宣传。

在基层群众中开展民族民间体育活动对提高中国传统体育文化的自觉性非常有利，同时对弘扬优秀的中华体育精神也有积极作用，而这些都是促使体育"以人为本"价值取向不断实现的重要途径。这个过程也是体育价值体系发挥作用的过程。

2. 体育实践

落实体育价值体系，实践是根本途径。只有采取实践行动，才能对理论进行检验，从而进一步修正理论，这是检验和修正理论的唯一路径，具体从以下两方面落实。

第一，内生性途径。人们从自身需要出发，选择体育价值体系并不断内化（或外化）的过程就是内生性途径。体育价值体系能够使人对体育价值的追求得到满足，实现人的自我价值，这在体育核心价值体系中能够得到更明显的体现。

第二，外源性途径。人们以外部环境的影响为依据对自己的价值追求和实践行为进行调节的过程就是外源性途径。社会生产力、生产关系、上层建筑、教育程度等外在条件会对人的认知和行为造成不同程度的影响，可见人的认知行为既有能动性，又有被动性。社会活动中的行动主体在这种情况下必然会与外界产生各种联系，利益共同体在此基础上逐步形成。体育价值体系实践要与人们的体育实践活动密切联系起来，贴近人们的生活实际和心理需求，通过影响群体来对个人产生积极影响。

3. 宣传教育

宣传教育就是通过多种媒介（报纸、电视、网络等）对积极正确的体育价值观进行宣传，同时分析并批判错误的体育价值观。

大众传媒在现代社会中发挥着重要作用，深刻影响了处于价值观形成期的青少年群体。个别新闻媒体为了追求眼球效应和经济效益，会选择一些庸俗、低质的内容作为传播重点，刺激观众的感官，使受众尤其是青少年产生不健康的体育价值观念。对此，学校、家庭和社会要相互协作、共同努力，引导青少年树立正确的价值观，鼓励青少年以科学方式参与体育运动，避免对成功、名利、地位等的过分追求。

在体育价值体系的落实方面，建设科学的体育价值体系是首要任务，这项任务不是某个专家或者某一领域的学者就可以独立完成的，而需要在长期的体育价值实践中不断完善。因此，对体育价值体系进行构建的工作是"常做常新"的，需要体育理论研究者、体育实践工作者等有关人员的共同努力，我国以改革创新为核心的时代精神在这个过程中也能够得到充分体现。

我国构建的体育价值体系是否与人民对真善美的追求相符，是否能够在实践中实现，直接决定了其能否被广大人民群众接受与认可。受世人认可的体育价值体系所产生的影响不可估量，能够在提升体育文化软实力方面发挥巨大作用。

二、提升体育话语权

（一）体育话语权的概念及功能

1. 体育话语权的概念

一个国家为了维护自己的体育权利所拥有的表达体育观点和意愿的权力、机会和途径就是体育话语权。在体育文化软实力中，体育话语权是非常重要的组成部分，它能让一个国家有机会将自己的意愿表达出来，并得到他人的接受和认同，使人信服，从而提高自身体育文化软实力。

在国际化背景下，世界上的体育组织越来越多，类型各异，如竞技体育组织、群众体育国际组织、体育学科学术组织等。一般来说，国际性体育组织机构的权威较大，在世界体育发展中，这些组织机构发挥着重要的决策作用，世界体育的发展方向主要由这些机构左右，不同体育项目的技术规范、标准及竞赛规则也是由这些国际性体育组织机构决定的。因此，各国都希望成为国际体育组织的成员国，在国际组织中占有一席之地，以便在国际体育大事上拥有一定的话语权，为本国体育事业的发展谋利益。

2. 体育话语权的功能

（1）传播功能

各国体育文化都是在本国特有文化的基础上产生、发展起来的。在国际化背景下，我国要在世界体育领域占有一席之地，发挥作用，就必须掌握体育话语权，即利用一切机会和采取有效手段进行体育文化的对外传播，让全世界对我国体育文化的了解不断加深，尤其是对我国体育文化的特点和优势应有基本的认识，从而主动接受具有东方特色的中国体育文化。

要想掌握体育话语权，能够自由发表本国观点并得到认可，就必须采用各种体育文化传播手段。掌握体育话语权后，要积极对我国的体育价值观、精神和理念进行宣传，将本国优秀的传统体育文化和体育发展成果展示给世人，从而得到大范围的认同和接受。

（2）争取体育权利

体育具有竞争性，竞技体育领域的竞争尤为激烈。因此，我们总能在体育中看到各种利益冲突，而在冲突中维护自己的权利非常重要，拥有话语权是维权的基础条件，只有这样，才能以游戏规则为依据将自己的正当要求提出来，才能发起抗议或申诉。一个国家要想对自己在国际上的体育权利加以维护，首先就要明确自己应该享有哪些权利，可以通过哪些途径争取体育权利，以及要达到维权目的应该如何发出话语。国际体育竞赛场合中的语言文字是不同的，因此还要能够用外语把自己的意愿准确地表达出来。

我国要想在国际上争取体育权利，就要在国际体育交流活动、竞赛活动的各个环节积极参与工作，进入领导机构并主动参加其他相关机构（新闻发布机构、宣传机构、仲裁机构等）的工作。这样不仅可以对竞赛的各个环节有所了解，行使基本权利，获取可观的利益，而且当我们的权利被侵犯时还可以通过话语权来申诉和抗争，维护自己的利益。

（3）为国家争取话语权

国家体育话语权是国家话语权的重要组成部分，在国家话语权中，体育发挥着重要的载体作用，国家话语的表达可通过体育这一重要途径来实现。有话语权和有实力的国家在发展本国体育事业时也比较顺利，具体表现在以下几方面：可以在竞技体育赛场上取得优异的成绩，通过运动员、教练员等运动主体传播本国的道德风尚及体育精神；可以在各种国际体育交流活动与大型比赛中将本国的美好形象展示给世人；可以在世界体育学术会议上发表独特的观点，展现创新研究成果，使各国对本国的体育科技水平有所了解。

许多国家都会采用体育手段将自身的意愿和态度巧妙地表达出来，可见，在国家争取话语权方面，体育确实发挥了重要作用。

（4）行使国际体育决策权

国际体育组织都有自己的管理机构，在国际体育组织体系中，管理机构的主要职责是组织和管理体育运动的竞赛、交流活动，制定各种制度和规则，通过发挥引领作用推动体育运动的发展。事实上，在国际体育运动发展过程中，这些管理机构就是决策机构，各国话语权的大小在一定程度上取决于自身在这些机构中的地位。因此，进入这些机构并争取一定的权利位置是各国的追求。

进入国际体育组织中的领导层，争得较高的地位，就会有更多的机会参与决策，这对一个国家的发展来说是非常重要的，但这只是促进话语权目标顺利实现的基础与前提，代表国家参与决策的人员才是真正实现话语权目标的重要力量。这些人物的思想文化水平、交际协调能力等直接决定了话语权目标实现的效果。

（二）提升我国体育话语权的路径

1. 增强话语权意识

我国自改革开放以来就一直重视经济建设，因此国民经济发展迅速，成果显著，但文化建设的发展相对滞后，而且对能够反映我国文化软实力的话语权也没有给予足够的关注与重视。因此，虽然我国体育硬实力的发展突飞猛进，但体育软实力相对落后，在国际上的体育话语权与当前体育硬实力的发展水平不协调，而话语权意识薄弱是导致这一问题的主要原因。

提升我国的体育软实力是一个漫长的过程，需要具备一定的硬实力，如果没有硬实力，就没有条件争夺话语权。现在，中国竞技体育跻身世界先进行列，体育硬实力明显提高，我们有条件也有底气在国际体坛上发表自己的观点，因此必须重视我国在国际上的体育话语权，采取实际行动维护和提升自己的体育话语权。

我国争取话语权的努力程度主要取决于我国的话语权意识，因此必须先树立并增强话语权意识，然后努力争夺话语权。我国争夺体育话语权的能力主要由体育工作者、体育参与者等体育人口决定，因此除了体育政府官员要树立话语权意识，教练员、运动员及其他体育工作人员也要具备高度的话语权意识，只有形成共同的意识与目标，才能共同为提升我国的体育话语权付出努力。

2. 加强学习与研究

在掌握话语权方面，有必要深入了解国际体育的游戏规则，虚心学习西方国家的经验与方法，但也不能一味地只采用这些方法，不能完全走别国争取话语权的老路，因为在这个过程中会遇到新的问题。可以说，掌控话语权涉及的学问非常高深，需要我们充分发挥自己的聪明才智。

当前，我国必须深入研究体育话语权，对体育话语权的内在规律有一个正确的把握，对其内容、途径、技巧等进行深入探讨。为了保障这方面研究工作的顺利开展和有效落实，我国需在组织建立、制度规划等方面付出努力。

3. 争取体育话语权平台

各种类型的国际体育组织对世界体育最有发言权，所以挤进体育国际组织特别是体育国际组织中的重要机构是每个国家的共同追求，只有如此，本国的体育话语权才能得到提升。我国虽然是体育大国，但在国际体育组织中担任要职的人员比例还较低，这对于我国争取体育话语权是有影响的。

在国际体育组织中担任要职的人员不仅要有较高的专业水平和综合素质，还要有良好的外语表达能力、交际能力，能够凭借自身在国际上的地位与声誉为本国体育发展谋福利。因此，我国应制订长远的人才培养计划，全方位培养与输送专业人才，抓住机遇在国际体育组织中占据一席之地。此外，对各个项目优秀裁判员的培养也非常重要，如果这些人才可以在国际体育赛事中担任裁判，将有利于我国国际体育话语平台的搭建。

4. 建设体育话语权队伍

要提高体育话语权，首先需要建设一支实力雄厚的优秀话语权队伍。这支队伍应由不同类型的体育人才组成，队伍的规模、结构及整体水平都要接近世界先进国家。

我国应分门别类地培养话语权队伍，争取向国际体育组织输送人才，使我国的各类相关人才都能在不同的国际体育组织中担任重要职务，改变我国体育在国际上的被动现状。在建设体育话语权队伍的过程中，对裁判员、体育传媒人才的培养至关重要。

（1）裁判员培养

目前，我国要特别重视对高水平国际裁判员队伍的建设与培养，并努力争取机会使其在相应项目的国际比赛中担任裁判员，以保障我国运动员在国际比赛中的合法权益。

（2）体育传媒人才培养

培养一支对体育、传媒都有深刻认识与见解的体育传媒队伍非常重要。当前我国社会急需体育传媒人才，可通过在各大高校设立体育新闻专业来培养这方面的人才。

需要注意的是，当前我国体育传媒队伍的专业水平整体较低，需进一步培训体育传媒业内人员，并加强对后备人才的选拔与培养，促进体育传媒队伍的不断壮大。此外，积极开展体育话语权的教育工作，增强体育工作者的话语权意识，对于提高与维护我国体育话语权同样具有重要作用。

5. 加强体育媒体建设

发挥传播媒体的作用可让受众感知、理解和接纳话语，有助于我国掌握体育话语权。体育媒体由体育与媒体两部分结合而成。我国体育媒体近年来发展迅猛，但与发达国家相比有一定不足，这制约了我国体育话语权的提升，需要我国及时补齐这块短板。

现在，体育与新闻媒体之间已经形成密切的联系，体育事件与媒体事件已成为社会上的共同体现象，不可分割。随着信息技术的进步与发展，新的传播媒体不断出现，新闻媒体的传播时空也因此而不断拓展。随着新闻媒体在新技术的推动和网络的影响下日渐多元化，各媒体之间的联系越来越密切，它们在交流中碰撞、融合，从而促进了新传播媒体和平台的产生，促进了跨媒体联动、资源共享，传媒生存形态的融合趋势越来越鲜明。

为了更好地发挥新闻媒体在传播体育信息方面的作用，体育部门应大力加强与媒体的互动与合作，推动传统媒体、新媒体的全面整合，形成更大、更强的媒体系统，从而有力提升我国的体育话语权。

三、大力发展体育文化产业

体育文化产业体系主要由两部分构成，即内生态系统与外生态系统。这两大系统中的各要素之间相互影响、相互促进、相互补充，在这样的内外关系下，体育文化产业的发展得到一定的保障。大力发展体育文化产业可不断提升我国的体育文化软实力，具体发展办法可参考以下建议。

（一）解决资金问题

资金不足是制约我国体育文化产业发展的首要因素，因此当前发展我国体育文化产业的首要任务就是解决资金问题。具体解决方法有以下五种。

第一，积极设立体育文化产业发展的引导基金和风险投资基金。

第二，对财政支出结构进行调整，可安排一定数量的引导基金来加快发展体育文化产业。

第三，对体育产业税收政策进行调整，制定优惠税收政策，拓展新的经济增长点。

第四，注重体育产业的研发，加大在这方面的投入力度。

第五，鼓励社会相关单位、个人设立体育文化基金，拓宽体育文化产业融资渠道。

（二）培养专业人才

体育文化产业的发展需要有大批优秀的人才参与其中，缺乏专业人才是当前制约我国体育文化产业发展的主要因素，再加上我国体育文化产业的发展目前还处于前期阶段，对人才的需求较大，这就进一步加剧了矛盾，制约了体育文化产业的发展。

体育文化产业经营管理人才在我国相对缺乏。因此，必须加强对体育文化产业经营管理人才、体育文化产业复合型人才、科技创新型人才的培养，积极与国际体育文化产业接轨，促进跨越式发展目标的顺利实现。

在人才培养方面，应尽可能发挥高校、社会组织、企业等社会力量的作用，构建联动机制，加强对这些培养单位的整合，合力对新型人才进行培养。此外，还要积极引进外来体育人才，尤其是体育经纪人、职业经理人等我国迫切需要的特殊人才。

（三）建设体育文化服务体系

一般来说，可从以下四个方面进行体育文化服务体系的建设。

第一，发展体育文化产业需要坚持正确的发展方向，主要表现为坚持以民为本、坚持将社会效益放在首位、体现当代先进性文化、坚持文化自觉与创新。

第二，积极建设公共体育文化基础设施，不断促进公共体育文化服务投入结构的完善，在公共体育文化服务方面增加资金投入，提供基础保障。

第三，设立体育文化服务体系的投入机制、引导机制，在市场经济条件下充分发挥市场的调节作用，使一定比例的社会资金流向公共体育文化服务领域。

第四，将各种传播媒介充分利用起来，大力宣传体育文化消费，从而对大众的体育文化消费意识与行为进行引导，使其在体育文化消费领域表现得积极主动。

第四章　体育强国实现路径之体育产业建设

在体育强国建设过程中，体育产业的贡献功不可没，始终占有一席之地。为此，应更深入地了解体育产业，明确体育产业建设的目标，加强体育产业建设，借助体育产业的力量推动体育强国建设的进程，提升国家的经济实力和国际竞争力。

第一节 体育产业概述

20世纪80年代以前,我国普遍把体育视为一项社会福利事业,所以在此之前只有"体育事业"的概念,"体育产业"的概念是不存在的。直至20世纪80年代中期,我国才出现了"体育产业"这一概念。随着国家社会经济的发展和经济体制改革、产业结构的调整和产业分类与国际接轨,1985年在我国经济统计中开始采用联合国及世界大多数国家所采用的三次产业分类法,在国家统计局首次制定的《国民生产总值计算方案(试行)》中,把体育与教育、文化、卫生等部门一道列入第三产业中的第三层次,即"为提高科学文化技术水平和居民素质服务的部门"。

与此同时,对外开放使我们了解到发达国家体育运动的运行状况,特别是1984年洛杉矶奥运会的商业运作和美国、欧洲等国家和地区体育俱乐部的运行模式,给我国思想观念带来较大的冲击。我国确定的向市场经济转轨的经济体制改革方向使体育开始在一定程度上走市场化的道路。在这种情况下,我国经济统计部门、经济学界和体育界开始广泛关注"体育产业",体育产业的相关问题成为学术界探讨的热门话题。

一、体育产业的概念

体育产业是随着社会经济的不断发展而出现的一种新的产业形态,是体育运动由原来自给自足的自为模式向组织化、生产化、消费化和盈利化的产业运营模式转变的产物。

综合分析国内外专家和学者关于体育产业的研究成果,可以把体育产业的概念划分成广义的概念和狭义的概念。从广义上来说,体育产业是指全社会提供体育产品的企业、组织、部门和活动的集合,包括体育服务业和体育相关产业两大领域;从狭义上来说,体育产业是指以体育劳务形式为消费者提供体育服务产品生产的企业、组织、部门和活动的集合。总而言之,体育产业就是生产和经营体育商品的企业集合体。

二、体育产业的属性

体育产业是在现代市场经济条件下形成的一种产业形态,可以说,体育产业是在市场经济条件下,体育活动组织专业化、参与消费化、运作盈利化孕育的新产业形态。它的外显形式是体育商品的不断涌现,以及体育经营企业的不断扩张。判断体育产业属性的关键在于其价值内核,因为价值内核决定了体育产业的存在与发展,如果体育产业没有了价值内核,那么体育产业也将不复存在。基于此,可以判定体育产业的基本属性只能是隶属于第三产业的现代娱乐业。

与此同时,体育相关产业中还有很多实物性商品,具体包括体育服装和体育器材等。判定这些实物性商品是否属于体育产业应当按照体育产业的概念来进行。首先,体育服装、体育器材等实物性产品都是围绕体育活动开展的,二者有着明显的主副关系,体育物质产品的生产经营作为主业配套而存在,并不构成对体育产业本质的否定;其次,世界上所有的国家都将体育服装、体育器材等的生产和经营排除在体育产业之外,这已经形成共识。

除此之外,许多国外学者指出,判定体育服装、体育器材等实物产品是否属于体育产业的关键在于使用此种产品的意图和此种产品的最终市场。社会大众使用体育服装、体育器材等实物性产品的根本意图是进行体育活动,而这些产品最终的市场也属于体育消费市场,所以说应当把这些体育实物产品归入体育产业。

综上所述,在认识和理解体育产业基本属性时要做到透过现象看本质。具体来说,一方面,要坚持质的规定性,即坚持娱乐业是体育产业的基本属性;另一方面,要坚持体育产业上下游之间的天然联系,不能把体育产业限定在只提供体育服务产品的一维空间。如此才能更加精准地掌握体育产业的本质属性,有效推动我国体育产业的发展进程。

三、体育产业的内容

根据众多专家及学者对体育产业概念的界定,可以将体育产业的内容分为体育服务业和体育相关产业两大类。体育服务业主要由健身休闲体育服务业、竞赛表演体育服务业、职业体育服务业、体育经纪服务业、体育广告培训服务业、体育旅游服务业、社会体育服务业及公共体育场馆服务业等构成;而体育相关产业则主要由体育用品制造业、体育彩票销售业、体育广播和新闻出版业等构成。体育服务业和体育相关产业都是体育产业的关键组成部分,都在较大程度上影响着体育产业的发展进程。

四、体育产业的特征

体育产业的特征十分鲜明，但发达国家体育产业和我国体育产业的特征有较大差异，具体对比如下。

（一）发达国家体育产业的特征

1. 商业化程度较高

目前，体育产业进入了一个快速发展的阶段，其已经渗透到社会生活的各个方面、各个行业之中，而体育产业的高度商业化是其发展的主要特征之一。以美国的NBA为例，NBA是迄今为止最成功的体育经济产品之一，其利用多年积累下来的完善的市场运作机制、成熟的商业理念、全方位的产品包装等将自己的产品成功地推向全世界。

2. 影响力广泛

随着现代文明的不断发展，人们对体质健康提出了更高的要求，在业余时间大多数人倾向于参加各种各样的健身运动。由于人们可以在体育运动中获得健康和体验乐趣，因此世界上参加体育运动的人口的数量呈现不断增长的趋势。现代体育产业的魅力巨大，尤其体现在商业价值上，它吸引着众多的公司以体育赞助和广告的形式参与到体育产业中来，影响力非常广泛。

3. 产业产值较高

随着现代社会的不断发展，经济水平也上升到了一个新的高度。随着人们对体育活动的需求不断增长，体育产业的产值也在不断地提高。体育产业消耗能源少，环境污染少，符合转变经济增长方式的要求，是一个可持续发展的产业。

4. 从业人数较多

因为体育产业的影响力比较广泛，所以体育产业同样是就业的重要途径之一，能够从某种程度上解决就业难的问题，因此其具备促进就业的特点。在体育运动朝着社会化、职业化、商业化方向发展的过程中，体育产业的国际化程度正在不断提高，体育产业必将在扩大内需、吸纳就业等方面发挥巨大的推动作用。

（二）我国体育产业的特征

我国在政治体制上与西方国家存在根本差异，所以我国体育产业的特点难免会和西方国家体育产业的特点有不同之处。在我国，相似的概念有体育事业和体育产业之分，二者的特点存在差异，下面通过对比论述明确我国体育产业的具体特征。

1. 属性和特点的差异性

体育事业更注重社会效益，具有公益性和福利性，满足社会精神文明的需求是其主要任务；体育产业更注重经济效益，具有商业性质，谋求获利则是其主要目的所在。

2. 资金来源的差异性

我国现行的财税政策表现如下：在财政方面，事业单位所需资金来自国家财政拨款，企业所需资金来自企业自筹或银行贷款；在税收方面，企事业单位均属于税法规定的企业所得税纳税人，负有法定纳税义务。

3. 经济性质的差异性

事业经济的性质是产品经济，主要靠行政指令来运行，在其运行机制中，以福利、公益和社会效益为主；产业经济的性质是商品经济，主要靠市场调节来运行，其运行机制要求以经营为主，并在提高社会效益的基础上不断提高经济效益。

五、体育产业的分类

（一）国外对体育产业的分类

国外体育专家和学者就体育产业分类提出的观点可以划分成三种模式。

1. 皮兹模式

皮兹模式是一种对体育产业进行分类的模型，由美国学者布伦达·皮兹于1994年提出。该模式将体育产业分为三个亚类：体育表演、体育生产和体育推广。体育表演是体育产业的核心组成部分，包括各种体育比赛、文艺演出和其他形式的表演活动。这些表演活动不仅具有娱乐和休闲功能，还吸引了大量的观众和赞助商，为体育产业的发展带来了巨大的经济效益。体育生产是指为满足人们对体育用品和服务的需求而进行的生产活动。这包括体育器材、体育装备、体育场馆设施等方面的生产和服务。随着人们对体育的热情不断高涨，体育生产行业也在迅速发展，成为体育产业的重要支柱。体育推广是指通过各种手段和渠道对体育赛事、运动员和球队进行宣传和推广，以提高体育的影响力和知名度。这包括发布广告、媒体报道、市场营销等各种手段，帮助提高运动员和球队的知名度和形象，吸引更多的观众和赞助商，促进体育产业的发展。

2. 米克模式

米克模式是由美国学者埃尔菲·米克在1997年提出的，该模式对体育产业进行了新的划分，主要分为体育娱乐、体育产品、体育支持性组织三个部分。体育娱乐在米克模式中占据了重要的地位。它主要包括各种形式的体育赛事、文艺演出和其他娱乐活动。这些活动可以让公众参与和观赏，同时吸引了大量的观众和赞助商，为体育产业的发展提供了动力。体育娱乐的另一种形式是休闲体育，它以满足人们的休闲需求为目的，使公众能够在空闲时间通过参与各种体育活动来放松身心。体育产品是体育产业的重要组成部分。这不仅包括各种体育器材、装备和设施，还包括体育出版物、体育电影等文化产品。这些产品为公众提供了参与和享受体育活动所需的基本条件，同时也为体育产业带来了可观的经济效益。体育支持性组织在米克模式中占据了关键的地位。这些组织主要包括各种体育协会、体育基金会、体育科研机构等。它们为公众提供了参与和享受体育活动所需的指导和帮助，同时也为体育产业的发展提供了人才和技术支持。

3. 苏珊模式

苏珊模式是由美国学者苏珊·霍华斯于 2001 年提出的，这一模式把体育产业分为体育生产、体育支持两大类。其中，体育支持又包括政府内相关的体育机构、体育协会、体育管理公司、体育媒体、体育用品的制造和销售、体育设施的建设与运营六个种类。

从整体来看，国外学者和专家划分体育产业类型的理论基础是当代西方社会经济条件下体育产业的生存和运作方式。在西方发达国家，体育产业发展较早，体育产业被普遍认为是向市场提供体育娱乐产品的行业，基于此，国外体育学者及专家对体育产业的分类基本上是按照体育娱乐产品的生产、营销、组织管理的业务流程来细分的。在这一前提下，体育产业系统主要分为体育生产子系统、体育营销子系统和体育支持保障子系统三个部分。

除此之外，还有一种划分体育产业类型的标准，即根据体育产业链上、下游的关系进行分类，基于此可将体育产业划分成上游产业、中游产业和下游产业。具体来说，上游产业是指体育产业的原产业，主要反映体育产业的原生态，包括健身娱乐业和竞赛表演业；中游产业是指间接为健身娱乐业和竞赛表演业服务的支持性产业，包括体育器材、体育服装、体育媒体、体育中介、体育培训、体育场馆运营、体育保健康复等相关产业；下游产业是指间接为上游和中游产业服务的相关产业，缺少下游产业并不会影响原产业的生存和运作，包括体育食品、体育饮料、体育旅游、体育建筑、体育博彩、体育房地产等产业。

体育产业链上、下游关系的划分标准和体育产业发展特点十分吻合，原因在于其主要阐明了体育产业是以体育活动为原点的生产、经营及开发的产业链，进一步明确了体育产业和一般产业之间的关系，此外还凸显了体育产业本身的特征。

在市场经济的大背景下，体育产业的发展速度与革新速度都较快。例如，群众体育中的体育活动因组织方式的变革而产生了健身娱乐业，竞技体育中的体育活动因竞赛组织的商业化和职业化的发展而产生了竞赛表演业，而围绕这两个主业，经过不断的变革与发展又产生了一系列衍生产业。在建设体育强国的背景下，发展我国体育产业一定要把群众体育和竞技体育的发展作为重中之重，原因在于这两个主业是体育产业得以发展的源头，上游产业发展良好是中游产业和下游产业顺利发展的基础。

（二）国内对体育产业的分类

国家体育总局颁发的《体育产业发展纲要（1995—2010年）》（以下简称《纲要》），将体育产业主要划分为体育主体产业、体育相关产业和体办产业，这是国内关于体育产业最为权威的划分方法。

1. 体育主体产业

体育主体产业是指由体育部门管理、能发挥体育自身的经济价值的、以提供体育服务为主的体育产业经营活动。体育主体产业主要包括竞技体育产业、体育教育科技产业、群众体育产业、体育彩票和体育赞助等。

2. 体育相关产业

体育相关产业是指与体育有关的、为体育活动提供服务的其他产业的生产和经营活动，如体育场地、体育器材、体育服装、体育食品、体育饮料、体育广告和传媒经营与管理等相关产业。

3. 体办产业

体办产业是指体育部门为创收和补助体育事业的发展而开展的、体育主体产业以外的生产经营活动。

除《纲要》对体育产业的划分外，还可以依据体育商品不同的性质，把体育产业划分成体育服务业和体育配套业。具体来说，体育服务业包括竞赛表演、健身娱乐、体育媒体、体育旅游、体育培训、体育博彩、体育中介、体育康复保健等产业；体育配套业包括体育器材、体育服装、体育鞋帽、体育食品、体育饮料、体育建筑等产业。

《纲要》划分体育产业的优点体现在两个方面：一方面，突出了体育产业的概念与分类；另一方面，可操作性强，对发展体育市场有积极作用。然而，这种分类方法也有一定缺点，即这种分类是站在部门管理的角度上对体育产业的分割，以这项分类标准为理论基础，第一类和第三类产业由体育部门管理，第二类则在体育部门的管辖范围之外,所以说《纲要》划分体育产业的科学性还有待加强。

六、体育产业的制度

(一)体育产业制度理念

1. 体育产业制度理念的价值判断

国家在进一步稳增长、调结构、促改革、惠民生的指导思想下,把体育产业列为调整国民经济结构的重要产业,这既是体育产业功能的使然,也要归功于发现体育产业功能的慧眼。将体育产业作为国民经济新的增长点是十分明智的。中国是世界上最大的体育用品制造国,但自主品牌不多,所以中国体育产业的转型、升级、提质、增效能够实实在在地为中国经济的发展助力。作为新兴的朝阳绿色产业,体育产业具有毋庸置疑的经济带动作用,在从资源密集转型为技术或资金密集型的过程中,需要相关产业提供各种产品。一方面,要保障体育锻炼,就要购置必需的服装与运动鞋等物品,这将带动服装制造业,以及体育旅游活动、康复医疗和体育培训器材、运动装备、专业化用品等相关产业的发展。另一方面,体育产业也会为其他产业提供产品,如体育产业把体育竞赛的直播、转播作为产品提供给了传媒业。体育产业关联度高,体育产业链长,与第二产业、第三产业相融性好。上下游体育全产业链与商业服务、金融保险、旅游会展、文化产业等现代服务业形成密切关联,带动高端服务业的发展。

发挥体育产业资源消耗低、环境污染小、市场潜力大等优势,大力发展具有自主知识产权的休闲、登山、滑雪、潜水、露营、探险、高尔夫等各类户外活动用品制造产业。在发展体育产业时利用新能源、新材料,采用节能节水减排技术,推广合同能源管理,加强高效照明改造,减少温室气体排放,引导发展循环经济,创建绿色环保体育企业。

体育产业附加值高。发展体育事业和体育产业为国家、民族创造价值是在提高体育综合实力,为国民提供价值导向是在满足多样化的体育需求,使国民形成恒定的价值判断是在提升其身体素质和健康水平。为此,要大力发展体育产业,促进体育消费,完善产业体系,深化供给侧结构性改革,加快体育产业提质增效,助推体育产业转型升级。要充分利用体育项目种类繁多的特点充实体育产业,要发挥体育产业关联性强的优势充分挖掘发展潜力,在营造抱团取暖氛围中发展新业态。牢牢牵住体育服务业从而带动体育产业链,靠内生动力优化调整体育产业结构。要激发人们日益强烈的体育健身欲望和消费意识,在以优质、差异、多样的体育服务提升全民健身期望值的同时，为体育产业的发展打牢思想基础。体育产业发展必须占领科技创新制高点，把精品品牌建设作为发展战略重点，争当引领发展的领头羊。

大力发展体育产业，拉动体育消费是和谐社会的稳压器。发展体育产业能够丰富人们向往积极健康的生活方式的内涵，把集于一身的经济生产力、文化传播力、社会亲和力和政治影响力融入锐意进取、追求卓越的人生态度，以团结协作、与人为善、创新求变、科学求是的态度坚守社会主义核心价值观，引领社会新风尚。一方面，用极具观赏性、娱乐性和参与性的体育运动充实国民生活；另一方面，在传承中华优秀传统文化的过程中培育优秀体育文化基因，使当前与未来的中华民族充满强大的正能量。开展体育产业供给侧结构性改革，以满足差异化、多样化的体育需求，不仅激发了群众的健身积极性，而且拉动了体育消费，为体育产业在创造新业态中扩大就业夯实了群众基础。在这一过程中，从体育产业服务和改善民生中滋长满意感的人民群众更会身体力行地支持体育产业蓬勃发展，为体育产业可持续发展增添新动能，而体育产业的新业绩又会赢得更高层次的青睐和赞许，形成良性循环。发展体育产业能够为增强国民体质拓展途径，畅通满足不同消费层次需求的渠道，提升与国民生活方式变化相适应的生活品质，是提高国民幸福指数的实招之一，也构成解放和发展社会生产力的新动能。提升我国体育产业竞争力的关键是减少无效供给、增加有效供给，抓牢供给侧结构性改革机会并有所作为是体育产业实现跨越式发展的关键一招。用改革的办法推进体育产业结构调整，减少无效和低端供给，增加有效和中高端供给，增强体育产业供给结构对需求变化的适应性和灵活性。中国体育用品出口企业研发技术相对滞后，创新力不足，导致产品差异性少，同质产品竞争激烈。[①]因此，要打赢供给侧结构性改革这场硬仗，就要从生产端入手，促进技术进步、组织创新，提高生产创新全要素生产率。只有这样，体育产业才能促进产能过剩有效化解，体育产业优化重组，降低企业成本，以做大做强体育服务业来充实现代服务业的内涵，引领社会健康生活方式新时尚。

建设体育强国必须满足体育产业的制度要求。建设体育强国的制度自信必然指导中国体育按照社会主义市场经济要求和现代体育发展规律来开拓有中国特色的体育产业振兴之路。重新定位体育产业在促进国民经济社会发展方面的作用，充分挖掘体育产业服务和改善民生的功能，必然引导探索竞技运动项目职业化的

---

① 田朝辉：《中国体育用品出口贸易现状及升级途径》，《对外经贸实务》2015年第10期，第49—51页。

发展道路，构建市场经济条件下体育产业的开发模式。体育产业必然成为我国建设体育强国的重要标志，在体育强国建设目标的实现过程中占有重要的地位，为体育事业发展注入动力、提供支持。北京在申办2022年冬奥会的第一、第二阶段回答国际奥委会发布的两份调查问卷中，对"申办动机"的回答概括起来就是：要带动3亿人参与冰雪运动，扩大设计冰雪运动的版图；促进冰雪产业和京张区域绿色发展，开拓世界最大冬季体育市场；在最大范围内传播奥林匹克价值观，创造可持续的奥运遗产。

2. 体育产业制度理念的目标定位

在立足世情、国情、体情的基础上，根据不同地区体育产业发展现状，以建立完善的体育产业制度为先导，逐步推动建立与国家、地方经济社会发展水平相适应的，具有中国和地方特色的体育产业体系。在引导体育服务业、体育用品制造业及相关产业优化升级的过程中，做强、做精体育服务业精品工程、体育用品制造业创新提升工程和体育产业融合发展工程。以增强服务意识引领合理布局，以提升服务水平指导功能完善，以建立门类齐全的体育产业体系畅通完善市场机制，充盈体育服务和产品内容、内涵，助力提高体育消费旺盛需求，带动相关产业双赢共赢发展。

构筑培育体育产业新体系，助推体育产业转型升级。在美国，四大职业体育联盟（美国国家橄榄球联盟、美国职业棒球大联盟、美国职业篮球联赛、国家冰球联盟）如日中天，但美国的健身业市场仍牢牢占据美国整个体育产业的1/3。以此为鉴，中国应加快发展健身休闲产业，利用广阔的江河湖海，大力发展竞赛表演业，为运动项目普及打好基础，拓展体验旅游路径，使体育与旅游深度融合。加强运动场地设计创新，提升利用率和效益，强化资讯服务，使消费者及时获取有价值的信息。随着健康中国战略的落地生根，供给侧结构性改革逐渐深入，"互联网+"、智慧旅游、大数据等理念与工具的作用放大，公众的个性化、层次化、体验化需求节节攀升。要在持之以恒地为健身休闲开疆拓土、为竞赛表演构筑平台、为中介培训疏通渠道的同时，积极培育新业态。构建场馆服务、体育用品制造与销售等体育产业，打造一批独具特色的新产品、新服务、新业态和新商业模式，建设一批规模优势突出、特色明显、创新能力十足的体育产业集群、基地和园区。只有使体育服务业在体育产业中的比重明显增加且处于领先地位，才能证明调整体育产业结构取得了成效。安排设计好国家体育产业基地的相关制度，为建立体育产业基地提供制度保障，用制度引领体育产业基地真正发挥聚集作用来丰富体育产业发展模式，为社会资本在体育产业聚集提供制度支持，以制度创新带动体育产业全面发展，精准设计在全国范围内的合理布局，协调区域分布和产业结构升级，依据资源禀赋、因地制宜、突出特色，切实为打造在合理性上符合市场经济规律、在正当性上真正拥有市场竞争力的国家体育产业基地夯基垒台。

净化优化体育产业发展环境，助推体育产业提质增效。当建设体育强国、健康中国在中国经济社会中越来越关键时，体育供给侧结构性改革成为2016年全国两会体育界委员的热议词。他们普遍认为供给侧结构性改革首要解决的问题是建设全民健身的环境。鉴于不同地区体育发展水平差距大，在发展体育产业问题上想要排好队、齐步走、整齐划一是不现实的，应使全民健身的基本保障与打造更多中高端产品、举办更多场高水平赛事相向而行。2016年4月12日，中国政法大学体育产业工商管理（MBA）项目正式启动。中国政法大学以市场为导向，瞄准复合型体育产业人才培养，成为当时中国唯一开展体育产业MBA教育的高等院校。中国政法大学MBA教育中心积极探索新模式，在基础课以外携手战略合作伙伴，培养复合型体育产业人才。2016年是体育大年，中国政法大学体育产业MBA专门开设了"欧洲杯经济学"和"奥运会经济学"两项特色专题课，邀请中国赞助商的幕后操盘手、知名媒体人，从品牌营销、公关传播等多个角度，解析从法国、巴西带回的最新案例，揭秘背后的商业逻辑。

《国务院关于加快发展体育产业促进体育消费的若干意见》正式颁布后，为了实现5万亿元的目标要求，对接国家统计分类体系及统计口径，指导各地进行体育产业统计等，国家统计局和国家体育总局着手制定了新的体育及相关产业分类标准。新的分类标准辐射范围更广，涉及内容更为全面，表述更科学严谨，架构体系构筑更加规范，并为未来发展变化留足空间，易于体育产业与国家统计分类体系及统计口径无缝对接，易于指导各地开展产业统计、长远规划，与时俱进地与新兴业态和融合业态交汇，打造体育产业加速发展助力器；把"互联网+体育服务"列入分类中，匠心独具地引导产业类别与国际接轨，体现体育产业创意规划的创新驱动；引导体育与文化融合丰富文化自信，体育与教育融合促进人的全面发展，体育与旅游融合打造幸福产业，体育与健康融合建设健康中国，体育与传媒融合传播先进文化，体育与金融融合助推蓬勃发展；抓牢生产和消费两条主线，完善体育产业活动上下游链条。职业体育所带来的商业化、市场化赛事，以及职业俱乐部和运动员的展示交流，都具有较广阔的国际交流空间和产业发展前景。有了体育产业统计分类标准，体育产业从业人员就厘清了从事体育产业的范围界限，在设计工作职责和制定发展举措时就有了制度保障，在制定体育产业发展指标时就会有的放矢、心中有数，进行实际业态管理。在制度的顶层设计方面强化系统性与完整性，专项调查体育产业建立长效机制，监测体育产业重点行业形成常规，加强体育产业名录库建设，只有这样体育产业标准化建设才能落地生根。得益于诚信自律的市场主体，除了为体育产业谋篇布局设立体育产业引导资金，为疏通造血机制引导鼓励民间资本投资体育产业，还有一些地方开始试行用社会保障卡（医疗保险卡）支付健身费用的政策。重庆市人力社保局发布，从2016年7月1日始，重庆市城镇职工参保人员可持医保卡参加健身，其用意是将医保卡关口前移，通过体育健身预防疾病。江苏省运用评选健身达人等手段，发放价值5 000万元的体育消费券，还要在支持体育健身俱乐部做大做强、丰富群众体育赛事活动、加强体育产业功能区规划等方面用活制度框架，助推健身服务业强化内涵建设。得益于高效规范的监管机制，采取加强体育产业和体育消费统计、推动体育产业立法工作等诸多举措，重在以税费优惠助推体育产业发展。

群众体育健身和消费意识的显著提升能为体育产业制度形成打下牢固的思想基础，引导人均体育消费支出明显提高；要实现体育公共服务全覆盖、全民健身无盲区，就要保障人均体育场地标准等物质基础，营造体育产业适宜的发展环境，形成良好的发展态势，经过实践与时间的检验而根深蒂固，真正实现资源共享。

（二）体育产业制度的对象

体育产业制度覆盖的范围既要符合体育运动规律的合理性，又要体现符合中国体育发展现状的正当性，更要好好把握与体育相关的上下游产业与新兴产业的特性。重视体育传媒与信息服务和其他与体育相关的服务，旨在畅通传承与传播的渠道；打造体育用品及相关产品制造、销售新优势，在全球范围内引领体育制造业新潮流；夯实贸易代理与出租和体育场地设施建设根基，为体育产业发展蓄能聚力。体育产业制度的对象包括以下内容。

1. 体育管理活动

公共体育事务管理活动要打好推进简政放权、放管结合和优化服务改革的组合拳。遵循以民意为先的原则，关注焦点、找准难点，以问题为导向倾听呼声，开凿动力源，制定行之有效的改革举措并及时上升为制度规范。打好组合拳就应在放权上见实效，在监管上寻创新，在服务上有提升。在加快构建体育公共服务体系的过程中，建设法治政府就立足于依法行政，建立创新政府就注重改革创新，建立廉洁政府就保持清正廉洁，建立服务型政府就坚持担当作为，实现政府体育治理能力现代化。

在体育社会组织管理活动中，实现政府放权，降低"门槛"。杜绝有的行业协会依仗主管单位的权力对体育事业、产业强制服务，强行收费，如不交钱登记体育企业就不能在当地承揽项目的现象。如果中介乱象滋生，就会使体育事业、产业负担不减反增，成为新的市场"拦路虎"，制约市场活力，也为腐败提供了机会。为此，政府在减权放权的同时，还要扎紧管权限权的制度栅栏，依法给政府权力划定边界，列出权力清单、责任清单和负面清单。权力清单规定政府能做什么，责任清单规定政府该怎么管市场，负面清单规定体育企业不能干什么。通过"三个清单"打造公开便捷的服务平台，创营造激发体育事业、产业活力的机制，开拓更大的发展空间。

其他体育管理活动要大力营造创业创新氛围，就必须提高体育公共服务的针对性以激发创业创新的欲望，就必须提升体育公共服务的实效性为创业创新激发动力。同时，还要为大众创业、万众创新提供精准周到的服务，使有着差异化、多样性体育需求的人民群众有实实在在的获得感、真真切切的公平感和幸福感。要让市场真正发挥资源配置的决定性作用，就要为多元主体构筑好服务便利化、管理集约化、运行高效化的公共平台，构建全链条的知识产权服务体系。政府要把不该管或管不好的事交给社会和市场完成，聚精会神做好本分，努力做好归位和补位，做到不缺位、不越位。政府要转换角色，不能集裁判员、运动员于一身。具备条件、信誉良好的体育社会组织、机构和企业要承担起相应的主体责任。政府和事业单位都包办不了能够满足体育文化需求的高端服务，而市场却大有用武之地。

2. 体育竞赛表演活动

使供给侧结构性改革中的制度措施精准发力，不仅能发挥职业体育竞赛表演活动实体性、长期性和结构性的优势，也是提高全要素生产率、增强体育产业活力、提高体育创新能力的根本保障。

搞好宣传以营造氛围、抓好训练以提高技能、广泛展示以提升影响力、加强交流以形成长效机制等是促进非职业体育竞赛表演活动开展的重要举措。从需求侧审视，由于一开始非职业体育竞赛表演活动功能单薄、根基较浅，出现市场失灵的现象也在所难免。尽管可倾力打通竞赛活动运行的路径，但仍然会遇到需求不足的瓶颈，所以供给侧结构性改革的任务就十分重要，应以满足人民群众差异化的健身需求来提高体育竞赛表演活动的多样性。此外，转型升级、提质增效是体育竞赛表演活动的必由之路。要在转型中激活体育竞赛表演活动的内生动力，要在升级中改变主要依靠要素的扩张和增加人力、财力、物力投入的粗放型发展方式为主要依靠科技创新和提高从业者素质的集约型增长方式，要在提质中提高潜在增长率水平的同时,提升体育竞赛表演活动现代化水平。要使体育竞赛表演活动体现创新理念,协调发展同向同行,绿色发展深入人心,开放发展天宽地阔,共享发展使人增强收获感。

3. 体育健身休闲活动

大力搞好健身休闲产业,既能发挥体育产业的核心作用,又能巩固其基础地位。由于我国健身休闲产业发展规模有待扩大、产需对接不畅、有效供给不足,2016年10月国务院办公厅印发了《关于加快发展健身休闲产业的指导意见》,突出健身休闲产业领域问题导向,旨在大力发挥新兴体育产业市场的主体作用,助推制造业转型升级,引领体育产业供给侧结构性改革在提质增效过程中发挥好调节作用,撬动健身休闲产业杠杆,改善消费环境,帮助更多人民群众找到事业上的爱岗敬业与闲暇时的闲情逸致的结合点,提升其幸福感和获得感,为中国体育可持续发展培育新动能。

以中国生态第一县、中国廊桥之乡——浙江省庆元县为例。该县在好山好水好空气的隆宫乡莲湖村建起了垂钓乐园、登山游步道。在海拔600米的山顶,削山填谷,建成一片塑胶篮球场,着力打造浙南闽北重要的休闲养生地。2016年5月22日,600多名运动员在莲湖曲折迂回、垂直落差达百米的山道上,举行了总里程12千米的山地越野马拉松赛。在奋力拼搏的过程中,映入参赛者眼帘的是莲湖秀美的山水、连绵不绝的竹林、层层叠叠的梯田,吸入的是甘甜湿润的空气。莲湖还建设了连片的门球场地,将其打造为上海、杭州游客的门球夏令营基地,并结合养生休闲、运动娱乐、农业观光等,让更多的人融入其中体验快乐、充实人生。

创新体育健身休闲活动发展理念。始终把融合发展作为体育健身休闲活动做大做强的重要导向,使其融入新型工业化,为形成人力资源优势贡献力量;使其融入信息化社会,为改变人们的生产方式、工作方式、学习方式、交往方式、生活方式、思维方式等提供支持;使其融入城镇化,为发展社会生产力、促进科学技术的进步及调整产业结构发挥作用;使其融入农业现代化,为农业发展与生态文明建设助一臂之力;使其为实现经济效益调结构添砖加瓦;坚持以人为本,积极营造良好的体育健身休闲活动环境,让广大群众强身健体、陶冶情操。

为职工健身休闲养生提供时间保障,把职工带薪休假制度落到实处。例如,在保证教学时间的前提下,高等学校可结合实际灵活调整寒、暑假时间,中小学按有关规定安排放假,创造条件落实职工带薪休假制度。

4. 体育场馆服务

《中华人民共和国预算法》和《中华人民共和国体育法》等有关法律法规为大型体育场馆向社会免费或低收费开放起到了制度保障作用。《公共体育场馆向社会免费或低收费开放补助资金管理办法》的颁布实施，既规范了补助资金的管理和使用，又保证了其及时到位。坚持统一管理，防止因政出多门而造成混乱无序，重点解决燃眉之急，合理安排保障公平公正，专款专用追求投入效益，注重绩效建立长效机制。统筹协调中央财政的补贴资金标准，充分体现统一要求中兼顾了地区差别。补助资金的投入有利于公共体育设施管理单位坚持为人民服务、为社会主义服务的发展方向，充分利用公共体育设施，传播有益于提高民族素质、有益于经济发展和社会进步的体育科学技术和体育知识，开展文明、健康的体育活动。

优化运营模式。引导和支持大型体育场馆不失时机地打造自身优势，牢牢把握行业发展规律，明察发展趋势，掌握地方经济社会发展状况，选准创新路径，因地制宜构筑场馆运营模式，优化资源配置，广纳社会资本，培育经营人才与扩容市场双管齐下。在大胆试、大胆闯理念的引领下鼓励有条件的地区试行场馆建设、管理和运营一体化模式，取得最佳运营效益。

5. 体育中介服务

体育中介服务业的水平与市场化程度高低关系密切，总体规模小、行业发展不稳定、就业吸纳能力弱都是导致体育中介服务水平不高的因素。与政府的重视程度、投入多少、资源配置，与社会层面的认识深浅、需求多少，与市场层面的起步早晚、资源兴衰、竞争强弱都有千丝万缕的联系。对体育中介方案进行评估和论证，对体育中介服务进行评价、检查验证和检测，进行客观、公正和具有权威性的技术仲裁鉴定等都可设定前置服务，但前置服务设置过多容易引起诟病。国家为营造良好的产业发展环境，着力规范前置服务收费行为，凡是与企业和行政审批相关的中介服务收费一律取消。用制度规范中介机构行为，引导各中介机构严守价格法律法规制度底线，以公平竞争赢尊重，以合法经营保生存，以规范收费赢信誉，以提供质量合格的服务创造更大的生存空间，以价格合理的服务赢取更多的青睐。通过以上收费制度清理和收费行为规范举措，推动行政审批前置服务事项大幅削减，切实减轻企业负担。

6. 体育培训与教育

进行体育培训既要具备培训的条件与资质，又要对教育的需求了如指掌；既要具备符合体育培训要求的正当性，又要符合教育规律变化的合理性；既要保证体育培训与教育专业的有效衔接，又要保持体育培训课程与规模的结合。提高研判能力是教育培训与教育机构管理者特别是领导者的必修课，强化教育培训机构的研究队伍建设，整体提升策划实力，全面提高开发力量是重要举措。把重点培养经营综合型人才作为当务之急，加强培养改革创新与务实重干的精神，武装经营头脑和提升管理水平并举，促进业务水平精湛与业内知名度高的经营人才脱颖而出。聘请能力强的优秀人才从事市场运作，用懂经营、懂管理、懂体育的人士掌控体育培训市场的开发，实现人尽其才、才尽其用、用有所成。打造品牌效应，体育培训机构要靠优质服务提升知名度，要靠诚实守信提升信任度，要靠人才辈出提升美誉度。要牢牢站在品牌战略制高点上，使品牌培训机构把希望寄托在品牌形象的创立与维护上，无论是构筑教学模式还是建立管理模式都要以产生品牌效益为出发点和落脚点。建立体育培训产业化的标准有利于统一规范，营造竞争有序的培训市场有利于公平公正，开创规范高效的培训途径有利于可持续发展。同时，还要牵牢关系营销的"牛鼻子"。关系营销是一个企业在营销活动中与消费者、供应商、分销商、竞争者、政府机构及其他公众建立和发展良好关系的过程。以实现双赢共赢为目标来维持消费者对企业组织的信任，以消费者回头率的高低检验营销战略的成败。

充分运用好价格调节手段，可以采用办理月卡、季度卡、年卡、终身卡等不同的定价策略，吸引体育消费者群体。以加快发展生活性服务业促进消费结构升级的指导意见为抓手，通过加快体育服务业发展步伐推动体育市场欣欣向荣，加速培育健身休闲产业，夯实体育产业根基，发挥竞赛表演业的龙头作用，带动体育运动项目的普及，提升场馆优质服务使其实现物尽其用，促使中介培训站稳脚跟发挥辐射功能，加快康体融合使幸福产业根深蒂固，推动体育旅游融合以丰富人们的生活，发挥体育传媒作用使体育与群众的生活联系得更加紧密。要高度重视生活性体育服务的功能，为提升其质量加大教育培训服务的力度。引导以提高工作效益和效率为目的的体育职业培训集约发展，追求数量、质量、规模、结构、效益的内涵发展和能够抱团取暖的融合发展，走"人优我特"的特色发展之路。在构建创新体育产业人才培养模式的过程中，坚持把产业与教学密切结合，使两者相互支持、相互促进；学校与企业建立密切合作模式，建立学习与工作相结合的教育模式。充分发挥高等院校的体育教育优势，加强体育特色专业和重点学科龙头建设，汇聚各级各类体育院校在体育经济人才培养中的新势能，丰富专题培训、高级研修、业务交流、有计划的选派人员出国培训及单位间交流等培养培训的内涵。引导支持高等院校与运动项目协会协同创新、抱团取暖。构筑体育院校创新创业服务平台，引领推动体育院校竞赛机制改革和创新，夯实体育高等职业教育和继续教育根基。

7. 体育传媒与信息服务

体育传媒与信息服务要积极适应传播方式变革，紧跟信息技术发展，创新管理服务方式，疏通体育产业发布信息渠道，提升解读政策水平，增强引导舆论能力，在助推政府实施"放管服"（简放政权、放管结合、优化服务）改革中发挥应有的作用。

以中国足球协会超级联赛（以下简称"中超"）为例。中超能持续获得海外转播商的青睐，尤其是能吸引如天空体育（Sky Sports）这样在英国体育传媒领域拥有足够分量且掌握重要话语权的"龙头老大"为境外版权买单，足以证明中超是中国职业体育举办的最成功赛事之一。英格兰足球超级联赛（以下简称"英超"）与180多个国家和地区签订了2016—2019年的转播协议，海外版权卖到了32亿英镑，相比上个周期增长了近一倍。英超以其成熟的赛制、精彩的比赛和出众的营销成为国际成功案例，成功的经验值得中超借鉴和学习。与此同时，海外覆盖范围的扩大对于中超制作水平、赛事管理水平又提出了新的考验，这种相互的正向推动也使中超不断向更专业、更国际化的方向发展。

8. 其他与体育相关的服务

大力推进体育与旅游融合，旨在满足国民收获健康身体和陶冶情操的需求，不仅丰富了体育旅游文化内涵，提升了体育旅游产业的附加值，而且延长了体育产业链。中国要美，农村必须美。体育旅游要聚焦乡村特色打造新优势，充分挖掘农业、农村和农民的潜质，因地制宜地开发小型多样、功能齐全、优势突出的乡村体育旅游产品。体育旅游要利用名胜古迹和自然风光，针对以度假和休闲为主要目的和内容的度假，开发集带有一定启发性的娱乐活动和海上运动于一体的滨海旅游和海岛旅游。在供给侧结构性改革中要大力开发老年体育旅游服务资源。要满足各层次的需求，就要推动体育运动、竞赛表演、健身休闲与旅游活动融合发展。

国家体育总局印发的《体育产业发展"十三五"规划》把体育彩票列入体育产业发展八大重点行业之一。厘清体育彩票的发展，要从运营机制、玩法创新、渠道建设、公益金管理等方面创新发展思路，具体包括：加快建立与彩票管理体制对接的运营机制；加快体育彩票创新节奏，努力推进发行以中国职业足球联赛为竞猜对象的足球彩票；适应发展趋势，拓展销售渠道，稳步扩大市场规模；强化公益金的使用管理绩效评价，塑造体育彩票社会好形象。体育彩票公益曾资助举办"千名学生免费游泳培训活动",取之于民、用之于民的体彩公益金在资助孩子参与体育锻炼、增强体质的同时,还彰显了其国家公益属性。

根据体育产业特点,国家除了大力吸引社会力量投资体育产业外,还健全完善了健身消费制度,通过制定优惠制度引导激励全民健身消费。有的地方允许企业开展全民健身的支出用来抵扣所得税,甚至可以利用医保卡余额来为健身消费买单,还有的通过发放健身券等形式支持全民健身活动。同时,建立、完善体育人才培养和就业政策,加快体育产业专业建设与改革步伐,把培养体育经营管理方面的专业人才放在重要位置,促进校企深度融合,打造大学生创新创业平台,多途径培养复合型体育产业人才。保障无形资产开发保护,以追求社会效益与经济效益最大化,建立完善创新驱动制度,实施创新驱动体育产业发展战略,促进经济发展方式转变,坚持优化市场环境,促进公平竞争,进一步完善税费价格政策。

9. 体育用品及产品制造

进一步创新发展体育用品及相关产品。将体育产业打造成为"大众创业、万众创新"的广阔平台,加快培育多元市场主体,在深化供给侧结构性改革的过程中不仅要满足人民群众对体育公共产品的需求,更要提升体育公共服务的质量。尽快占领体育产业领域"互联网+"的制高点,融会贯通信息技术、人工智能等充满活力的体育消费市场,大力发展跨界电子商务等新型贸易方式,加速构筑体育用品服务新业态和新商业模式。提升体育用品产品科技含量,采用新工艺、新材料和新技术,做强品牌、提高附加值和核心竞争力,推动中国体育用品业"走出去"和国际产能合作,形成优进优出的开放新格局,推进结构性改革。要充分发挥市场机制作用,围绕体育消费者多样化需求,推动体育用品业增品种、升品质、创品牌。

10. 体育用品及产品的销售、贸易代理与出租

国家发展和改革委员会等24部门曾联合发布《关于促进消费带动转型升级的行动方案》,立足促进居民消费升级,积极发挥新消费理念引领作用,加快形成新的供给方式,在更高层次上调解供需矛盾,为经济社会发展创造新动能,带动产业结构调整升级,以体育产业制度的实效提升人民群众实在的获得感。要加快培育发展新动力,就要以需求为导向,研究、把握消费规律,以供给侧结构性改革的升级来满足人民群众升级的体育需求。国家明确设立了十个主攻方向,出台实施"十大扩消费行动"政策,其中有一个行动是体育健身消费扩容行动,包括完善赛事运营市场竞争机制和充分盘活体育场馆资源。这是把体育产业作为进

入经济新常态、促进"稳增长"的一项重要举措，能加快促进体育服务消费升级，形成体育产业新的经济增长点，成为经济转型升级的重要推手。为此，相关部门应加快研究出台各种配套措施并同步推进，以形成叠加效应。

11. 体育场地设施建设

工欲善其事，必先利其器。开展公共体育服务就要建设好体育场地设施，这不仅有利于为发展体育事业夯实根基，也是为完善城镇服务功能做出的看得见、数得清、赢得居民赞誉的好事与实事，还能够为全民健身运动提供活动场所，为服务和改善民生提供支持。体育场地设施建设还要注重与"健康与养老服务"工程建设的融合，拉长全周期服务的服务链，加固全人群共享的效益链。发展改革部门会同体育、国土、住建等部门，按照"健康与养老服务"重大工程要求，全力推动田径、游泳、滑冰、球类运动等场地设施、全民健身活动中心、小型户外健身场地、向社会开放的学校体育设施、健身房（馆）等的建设，精确加大补齐短板的投资。在有效利用方面，要尽力缓解人民群众体育需求旺盛增长与公共体育服务供给资源短缺、品种不足的矛盾，发挥体育场地设施在赛后的运营作用。强化改革创新，补齐体制机制不适应的短板；增强发展活力，加强绩效考核，补齐运营效能不佳的短板；提高使用效率，补齐服务能力不强的短板；彰显公益属性，补齐利用水平不高的短板；引入和运用现代企业制度，有效推进人事、收入分配和社会保障制度改革，补齐配套政策不健全的短板；建立有利于激发活力、增强内生动力的激励约束机制，补齐持续发展动力不足的短板，最终提高体育场地设施运营管理水平和服务水平。

（三）体育产业制度的载体

载体是体育产业制度的实现形式，深入探索体育产业制度的多种有效实现形式十分必要。选准了载体就能使体育产业在建设健康中国、保障和改善民生、推进体育供给侧结构性改革、挖掘和释放消费潜力、增强经济增长新动能中起到事半功倍的作用。

1. 推进体育项目职业化改革之路

政府给力，企业发力，以探索建立职业联盟拓宽体育产业发展路径，以盘活用足各种体育资源为体育产业蓄能，以点燃广大人民群众多样化体育健身需求之火淬炼职业体育刀刃之锋。引导社会资本参与组建职业体育俱乐部和专业体育表演团队，提高体育俱乐部的决策能力、管理能力，从而使公司法人能有效地优化企业的治理结构。完善法人治理结构，加强产权清晰、权责明确、政企分开、管理科学的现代企业制度建设，充分挖掘、发挥在市场上从事经济活动、享有权利并承担义务的个人和组织的体育俱乐部的市场主体潜能作用。在体育部门与运动员之间搭建一个双面制约、公开透明的平台，这样既能规范运动员的行为，也能充分保护其个人商业价值的开发。中国应在夯实足球、篮球、排球、乒乓球、羽毛球等职业联赛根基的同时，引领示范网球、台球、拳击等人民群众关注度高但市场潜力还有待挖掘的体育项目，探索其职业化改革方式，从而为实现产业化发展铺平道路。要建立体育赛事科学评价机制，全面评估、检验、优化体育赛事结构；建立多层次的体育赛事体系确保纵向到底，构建多样化的体育赛事活动实现横向到边；在健全赛事市场开发体系中打造新优势，在构筑赛事市场运作模式中创造新特色。品牌赛事建设要在国际性上占先机，在区域性上当好领头雁。培育体育赛事沃土，激励引导机关团体、企事业单位、学校等单位广泛开展形式多样的体育比赛。

2. 深化体育场馆管理改革

体育场馆既要承担运动队训练、体育赛事活动、全民健身等体育事业责任，发挥体育服务作用，又要遵循市场化和规范化运营规律，充分挖掘和优化场馆资源，综合利用体育及相关产业的优势，实现社会效益和经济效益双提升。体育场馆要提供优质的体育专业技术服务，打好场地开放服务的基础，丰富健身服务和体育培训内容。本着大胆探索、及时总结经验、随时发现问题、该完善的就完善、可复制推广的就及时复制推广的原则，建立体育场馆混合所有制试点。关于体育场馆的设计、建设及运营管理，只有确保赛事功能需要与赛后综合利用的有效衔接，才能实现社会效益与经济效益的双提升。提高保护体育场馆和体育赛事活动等专利权与商标权等无形资产的主动性，确保体育无形资产增值保值，以多方式、多渠道提升无形资产的价值与经营效益，优化配置体育场馆资源。在完善市场化评估的基础上，鼓励国有体育场馆所有权单位利用场馆资源投资入股职业体育俱乐部，从而开创双赢局面。引导社会力量投资组建体育赛事企业，在举办各类商业性和群众性体育赛事活动的过程中打造自主品牌赛事，成立更多国内一流、国际知名的体育场馆运营管理企业。支持发展智慧体育场馆，提升采用现代科技方式提高体育场馆运营管理水平的贡献率。在供给侧以体育场馆为载体，激励社会力量建设小型、多样化的活动场所。

3. 创新体育人才培养模式

创新引领在供给侧发力。为满足公共体育服务的发展需求，应加大公共体育服务供给保障领域专门人才的开发培养力度。引导校企协同创新，制订经济管理水平提升计划，构建畅通的政府、社会、用人单位和个人多元投入的体育经济人才培养长效机制。紧扣高层次体育财务、体育产业人才重点，加大体育经济人才的培养和培训力度。

谋篇布局助内涵式成长。要充分培育各级各类体育院校在体育经济人才培养中的新优势，创新专题培训、高级研修、业务交流、高层次学历教育、有计划地选派人员出国培训及单位间交流等培养培训方式，构筑"体育产业创新创业教育服务平台"，实现企业、高校、金融机构的有效衔接。要精心打造一支熟悉体育经济规律、了解体育业务，能够优化财务结构、规避风险，改善不良经营状况，实现企业目标，确保企业生存和发展壮大的体育经济人才队伍。要为社会资本进入体育产业畅通渠道，做实做好各类体育产业培训，夯实体育产业研究基地、体育产业人才培训基地的根基。探索建立体育产业专业人员资质认证制度，借力全国体育标准化技术委员会，协同建立体育标准化人才培训体系，并推进体育场地工程师执业资格制度的实施。提升从业人员职业培训实效，加强体育健身场所工作人员的专业技能培养，完善职业体育管理人才和职业体育经纪人的培养措施，畅通体育人才培养开发、流动配置、激励保障机制，引领并支持退役运动员、教练员为体育产业发展贡献力量。健全体育经纪人职业资格认证制度，强化体育经纪人规范管理。构建完善的高技能体育人才培养培训体系，理顺完善职业技能鉴定组织运行机制，体育场地工程专门人才的培育使用、体育建筑工艺人才的选拔培养、体育设施运营管理人才的培养历练、体育统计人才的成长成才都要一抓到底。

开放发展走国际化道路。畅通体育产业人才培养的国际交流与合作渠道，筑牢体育产业理论研究根基，发挥国家体育产业智库的支撑作用。尝试建立体育人才自由流动试点，支持运动员走上职业化道路，为其运动生涯拓展空间。鼓励优秀运动员参与国际训练和赛事，积累国际经验；支持教练员到国外学习新知识，丰富执教经验，推动其职业化和市场化发展。

4. 加强体育赛事管理运营能力

深化行政审批制度改革，突破体育赛事管理运营的瓶颈。政府牢固树立"放管服"改革理念，厘清政府与市场的关系，畅通体育赛事管理渠道。只有政府、社会、市场以及个人都对体育赛事有积极性，体育赛事主体的多元作用才能发挥出来，各种各样的体育赛事的内涵才能体现出来。不仅要兴起全民健身的热潮，还要有利于高水平竞技人才脱颖而出；既要繁荣壮大体育竞赛市场，又要兴旺发达体育产业发展。完善赛事市场开发和运作模式，以打造一批国际性、区域性品牌赛事来支撑实施品牌战略。搞活各类商业性和群众性体育赛事活动，为打造自主品牌赛事奠定基础。用活政府购买服务的方式，保障相关企业及社会力量拥有赛事所有权，助推各类社会力量举办商业性和群众性体育赛事。为职业体育发展构筑广阔的平台，坚定不移地引导支持条件成熟的或具备一定条件的运动项目在职业化发展的道路上走实走好，努力培育大批具有国际影响力的职业运动员。抓牢全面提高职业联赛水平的目标，努力搞好足球、篮球、排球、乒乓球、羽毛球等职业联赛建设。

如今中国乒乓球俱乐部超级联赛（以下简称"乒超联赛"）赛场满座、一票难求的故事屡屡见诸报端，让人感叹运动员"出圈"势头之强、球迷转化比率之高。随着体育产业的发展、业态的丰富，"酒香不怕巷子深"已成为过去式，想要将"好酒"推送到市场"嗅觉"的有效范围内，乒超联赛不仅要利用奥运效应、热度资源，更要做好赛事包装和商业服务。

5. 体育协会实体化改革

构筑给予社会组织发展主动权的政社分开体系，确立股东的所有权与企业的法人财产权职责与权限边界的权责明确原则，完善法人治理结构依法自治的现代社会体育组织结构，在多轮驱动中厘清政府与市场、社会的关系，实现体育协会与行政机关脱钩。体育行政部门要充分尊重与保护体育协会的自治自律行为，在为体育协会的发展提供优质服务的同时确保行政监管权行之有效。有法可依、有规可循要覆盖体育协会整个生命周期，成为自主办会的压舱石；要把提供优质服务作为体育协会生存的根本。体育协会要高度重视内生制度建设，搞好体育协会章程和协会自律规章制度的建设。在支持体育协会规范设立的同时，也要有合理的退出机制跟进。优胜劣汰、有进有退同样适用于体育协会。体育协会只有实现社会化才能成熟壮大，只有走向市场才能生长发育，真正发挥市场在资源配置中的决定性作用。只有实质性地剪断体育行政部门与体育协会之间的利益链条，新的管理体制和运行机制才会应运而生，体育协会才会迅速步入在法治化、非营利原则指导下的自主运行轨道，实现公平与效率兼顾的有序竞争，走好规范与发展并重的优化发展道路。运动项目管理中心和运动项目协会"两块牌子、一套人马"的局面会导致体育协会虚位以待，只有在指导思想上使体育协会实起来，才能开创"人强马壮红旗飘"的局面。建设体育强国、健康中国助推体育发展结构转型升级是必然的趋势，由更多的体育协会扛起更重的社会体育责任是大势所趋，也是体育普惠全民的必由之路。在重新深刻认识体育属性的今天，循环往复地探寻体育规律显得尤为重要。

6. 汇聚社会力量

在强化政府体育公共服务职能中，需要创新体育公共服务供给模式，汇聚社会力量，共建多层次的体育公共服务供给体系，使方便、快捷、优质、高效的体育公共服务及时到位。政府通过发挥市场机制作用，向社会力量购买体育服务。为拓展体育产业创意发展空间和提升其影响力，要积极推进公益性体育产品的创作与传播；要促进公益性体育活动的组织与承办，助力有人组织公益性体育活动，有钱办好公益性体育活动；要举办保护、传承、弘扬中华优秀传统体育文化的活动，助长中华优秀传统体育文化根深叶茂；要加强公共体育设施的运营和管理，真正做到物尽其用。为引导更多社会力量参与举办体育赛事，推动温州市体育竞赛市场的健康、有序发展，如温州市体育局就曾向社会力量购买体育赛事承办服务。

7. 引领体育产品和服务创新

构筑政府和社会资本合作模式，加大财政金融扶持力度，拓展社会资本涌入体育产业领域渠道。在开发体育产品中发挥技术优势，在建设体育设施中发挥资金优势，在提供体育服务中发挥质量优势。高等院校、科研院所和体育类企业要共同努力，在协同创新中实现双赢多赢。支持为获取并理解新的体育产业科学技术知识而进行的独创性研究，开发出拥有自主知识产权和高科技含量的或具有实质性改进的体育产品。高度重视健康与养老服务工程建设，在付诸实施中撬动政府购买体育服务的杠杆，以丰富市场服务内涵，提高体育服务供给多样性。在营造市场化的大潮中，以必要性和可行性发现项目，以创新性与未来发展性标准筛选项目，以长期稳定健康发展培育项目，真正使体育服务业融入各地方发展服务业的重要内涵，在资金和相关政策上优先支持融合体育、科技、金融的具有创新性的项目和企业。内蒙古自治区就依托草原资源抓好夏季体育产业项目、依托冰雪资源抓好冬季体育产业项目、依托沙漠资源抓好赛车体育产业项目、依托畜牧资源抓好马术产业项目，开创了该区体育产品和服务繁荣发展的新局面。

8. 拓展体育企业特色发展

加强骨干企业提升自主品牌的创新能力和竞争实力的内涵建设。拓展符合条件的体育服务类企业和科技类企业实行跨地区、跨行业、跨所有制的兼并、重组、上市的途径。做强做优，当好领头羊，提高国际知名度，早日完成由跟随到领跑的华丽转变。支持鼓励体育优势企业走国际化道路，激励优势品牌扩大国际影响范围，探索优势项目走与国外体育文化机构合作之路，通过一定的渠道和支付手段实现海外并购或者通过联合经营提高影响力和知名度，为体育产业开疆拓土。

吸引国际体育组织和世界著名的体育集团公司、国际体育学校将其全球或区域运营中心、研发中心、销售中心、教育培训中心落户中国。全面落实国家扶持中小企业发展的制度措施，鼓励搭建各类体育产业孵化平台，让国家扶持中小企业发展的制度落地生根，辅助刚刚起步的中小体育企业走稳发展之路，夯实朝气蓬勃的中小体育企业群体根基，为体育领域的大众创业、万众创新提供制度支撑。重点支持"专、精、特、新"的中小体育企业发展，打造特色产品和特色服务。

9. 扩容壮大体育新业态

精准选择足球、路跑、骑行、棋牌等作为示范项目，向普及范围广、关注度高、市场空间大的运动项目延伸发展。补齐体育文化创意产业短板，拓宽体育影视、体育动漫、体育文化创作途径。充分发挥精选武术、龙舟和舞狮等的领头雁作用，助推中华民族传统体育项目发扬光大。提升穿戴式运动设备科技创新含量，使其更广泛地融入全民健身运动；促进运动健身技术装备生活化，助推人们提升生活品位；抢占运动、营养、保健、食品、药品等研发制造的制高点，加强健康中国建设的前端控制。冰雪体育产业价值创造活动具有特殊性，要构建冰雪体育产业商务模式和优化产业结构，就应根据自然资源、人文资源和区位资源的不同，因地制宜发展冰雪体育产业。[①] 突出冰雪、山地户外、水上等运动项目的闪光点，深挖具有消费引领性的健身休闲项目潜质。拓展"互联网＋体育"的发展空间，创建体育服务新业态，打造场馆预定、健身指导、交流互动、赛事参与、器材装备定制等综合服务的升级版，构建、壮大在线体育企业平台，整合上下游企业资源，创造体育产业新生态圈，以中国体育产业在网络空间的成功探索为世界各国提供中国方案。建设健康中国，智慧体育发挥着重要作用。随着体育产业的火爆，智能装备异军突起，成为智慧体育发展的排头兵。智能手环、智能眼镜、智能跑鞋等可穿戴装备受到追捧，产业规模逐渐升级。智慧体育与城市建设密不可分，建设智慧城市，利用物联网、大数据、云计算等手段整合资源，将服务落到实处，打造电子政务平台、民生服务平台、经济运行平台和城市管理平台，是未来城市的发展趋势。

10. 树立全民健身消费观念

只有做到有钱舍得花、有闲舍得用、有念舍得想，才能树立全民健身消费观念。健身休闲消费水平的变化与适宜的消费环境有着千丝万缕的联系，体育消费潜力能否浮出水面在于挖掘是否尽心尽力。体育消费制度引领支持群众进行健康

---

① 张瑞林：《我国冰雪体育产业商业模式建构与产业结构优化》，《体育科学》2016年第5期，第18—23页。

消费，把树立人民群众健康消费理念作为进一步引领消费理念革命的重要步骤，以全民健身活动的热情之火淬炼群众健身消费积极性之锋。充分发挥各类群众性体育活动的辐射示范作用，舞动职业联赛的龙头，建立节假日体育赛事活动供给侧结构性改革长效机制，挖掘运动达人的引领潜力，激发居民健身休闲消费动力。放大《国家体育锻炼标准》、业余运动等级标准及业余赛事等级标准等的杠杆作用，提高项目消费黏性，以提升适应健身休闲消费水平的稳定性、长期性。引导各地利用自然资源、人文资源发展特色民俗体育项目，传承体育优秀基因。适应我国经济发展新常态，深入开展体育市场需求和消费趋势预测研究，稳固战略定力，加强调查研究，看清形势、适应趋势，发挥优势、突破瓶颈，统筹兼顾、协调联动，引领体育企业开发满足市场需求的体育产品和服务。以丰富体育消费文化内涵来筑牢各类体育赛事活动平台，丰富中国体育产业制度工具箱的内涵，打开政府购买服务等制度工具箱，既能汇聚社会资本投入体育活动和体育竞赛，又能随时应对更大的挑战。

甘肃金昌因盛产镍被誉为"中国镍都"，如今又多了一个名号——"紫金花城"。从工业立市到发展健康休闲产业，别名的嬗变折射的正是城市转型的思路之变。金昌的经济社会发展底子不薄，厂矿企业多，拥有较高比例的体育人口。从北到南，多样的自然资源蕴含着体育、旅游充分对接的可能。2016年8月，首届"金昌指环王沙漠马拉松越野挑战赛"吸引了上万名参与者，人们纷纷走出家门，为选手加油喝彩。2023年，第5届"骑闯天路"山地自行车赛（甘肃金昌站）成功举办，进一步促进了体育与文旅、商务的深度融合发展。"对金昌来说，体育的发展理念从一开始就定位于民间和大众，定位于发掘产业潜力，为城市转型助力。体育平台可以将文化、教育、旅游等行业深度融合，相互借力，培养活跃人群，带来新的消费。

金昌体育的双向思路，立足于市民，服务于市民。一系列大众赛事的创设，以激发本地民众的参与热情为一大目标，让健身成为生活的标配。同时，金昌体育还有面向海内外的视野与胸怀，充分利用当地的自然地理条件，将户外运动打造为品牌活动、品牌赛事。让"镍都"转身成为花海飘香的生态绿城和健康休闲产业新城，让体育与经济社会的脉搏同频共振，与城市发展产生"化学反应"。金昌体育的探索之路正是体育发展转型的一个缩影。

11. 围绕国家重大战略谋篇布局

纵观"一带一路"倡议从无到有的发展态势、由点及面的辐射范围，无论是发展进度还是建设成果都已大大超出设计者的预期；京津冀协同发展无论是在调整经济结构还是在调整空间结构上，内涵集约发展的新路子都越走越坚实，在引领区域协调发展方面打造了崭新的增长极；长江经济带在引领扩大内需、调整区域结构方面独领风骚。影响深远的国家重大发展战略为全国体育产业发展谋篇布局提供了难得的机遇。丝绸之路拉力赛是由中国和俄罗斯两国联合举办的重要国际级赛事，因为其得天独厚的地域特点而受到中外赛车手的广泛欢迎，自 2009 年首次举办以来已成功举办了 14 届。

2023 年是举办环青海湖国际公路自行车赛（以下简称"环湖赛"）的第 22 个年头，无论是在报名参赛车队数量、线路设计、赛事运作等方面，还是在宣传报道阵容上，都更加专业化、国际化。随着环湖赛关注度和知名度的不断提升，一些知名企业也更加注重"环湖赛"这块金字招牌。青甘宁三省区借助环湖赛的辐射带动作用，依托独特的地理资源优势，打造了中国·青海国际抢渡黄河极限挑战赛、"中华水塔"国际越野行走世界杯赛、青海岗什卡滑雪登山交流大会等品牌赛事；甘肃连续举办了多届兰州国际马拉松赛、玄奘之路戈壁挑战赛等；宁夏石嘴山国际铁人三项赛成为铁人三项爱好者每年的节日。

12. 筑牢协同发展基石

要加大体育产业深度融合力度，提升对体育产业联系点城市和单位的制度设计安排能力和水平，就要建立完善的督导制度，为形成靓丽的体育产业风景线作出贡献。以夯实产业基础为目的，形成符合产业特点、特色鲜明的典型经验做法，打造一批效果显著的特色体育产业、优势项目和赛事品牌，为全国体育产业发展提供示范。利用提高国家体育产业基地管理水平，助推国家体育产业基地管理和服务提质增效，打牢具有集聚效应、规模效应和示范效应的体育产业根基，激励各地联合建设特色鲜明的体育休闲旅游基地，构筑冰雪体育休闲旅游带，建造生态体育公园。国内体育园区发展较快，北京龙潭湖体育产业园、"环青海湖民族体育圈"、深圳观澜湖生态体育园和无锡智慧体育产业园等，早已频繁见诸报端。在体育产业园区中，相关企业集聚，更好地打通了上下左右的供应链、业务链、服务链，有着集约使用资源、提高各类效益的诸多优势。目前全国许多有条件的地区都在酝酿体育园区的建设，在未来的经济转型升级过程中，体育产业园区将担任重要的角色。拓宽体育产业服务贸易领域，探索在自由贸易试验区开展体育产业政策试点，引领地方积极培育一批以全民健身为特色的服务贸易示范区。

第二节 体育产业建设的目标

体育强国战略的制定与实施为我国体育文化产业的发展创造了良好的契机,在当今体育产业市场发展的背景下,深入挖掘体育文化及体育文化产业的内涵是非常重要的。为促进我国体育文化产业在体育强国建设背景下的快速发展,可以开展以下工作。

一、完善体育产业市场管理体制

在体育强国战略实施的背景下,体育产业需要建立一个科学和完善的市场管理体制,只有在这一管理体制的保障下,体育产业市场才能获得健康稳定的发展。完善体育产业市场管理体制需要注意以下四个方面的要求。

第一,深化体育行政管理体制的改革。在改革的过程中,要充分发挥政府宏观调控的作用,结合实际情况加大对体育管理的投入力度,为体育产业部门提供必要的资金支持或政策支持。同时,还要建立一支高素质的体育行政管理队伍。

第二,加强体育运动项目管理体制的改革与发展,逐步建立运动项目协会管理体系,积极推进项目协会的实体化建设。

第三,进一步深化我国在体育竞赛体制方面的改革,采取各种手段和措施努力探索新型的体育竞赛管理模式,进一步开放竞赛市场,举办具有世界影响力的体育赛事,营造浓厚的体育赛事文化氛围。

第四,加强基层体育组织的改革与发展。充分履行政府对加强基层体育组织建设的职责,利用一切可以利用的力量推动基层体育组织的管理与发展,大力支持体育俱乐部的建设与发展,为其提供各方面的保障。

二、培养体育产业人才

在体育产业市场发展的过程中,人才的重要性不可小觑。在新时代,人才是推动社会发展的重要力量,其在体育产业发展中也扮演着极为重要的角色。在体育人才培养的过程中,首先要为体育人才的培养设立一个制度保障体系,确保人才能够得到较好的发展。除此之外,还要建立一个多样化的体育专业教育体系,逐步推动体育人才管理体制的改革与发展,提升体育人才的管理水平。

三、打造体育产业品牌

为促进我国体育产业在体育强国战略背景下的发展,还要打造优秀的体育产业品牌,这是一个非常重要的方面。随着体育产业化进程的不断推进,世界各国都增强了建立体育品牌的意识。要想实现中国体育产业的国际化发展,就必须立足国内、放眼世界,加强体育产品生产经营的管理,打造自己的品牌。

经过多年的努力发展,我国的竞技体育水平进入世界前列,在世界上产生了广泛的影响,但我国在体育品牌建设方面的发展还有待加强。不过,伴随着体育产业影响力的逐步提高,我国各地人民政府及相关部门都已认识到打造体育产业品牌的重要性,纷纷采取各种手段和措施来树立我国体育产业良好的品牌形象。河北省保定市易县的878精品行游全民健身户外活动基地的建立就是一个典型的例子。该基地以汽摩运动为主体,通过引进大量的具有一定影响力的品牌赛事提升该产业基地的知名度,经过一段时间,该基地在一定范围内得以迅速发展,成为推动我国体育产业发展的良好案例。

四、提升体育消费水平

丰富体育产品和服务供给,针对不同年龄、性别和兴趣爱好的消费者,开发多样化的体育产品和服务,以满足不同层次的消费需求。加强体育与旅游、文化、教育等产业的融合发展,打造综合性体育消费项目,开拓体育市场,激发体育消费动力,提升体育消费水平,为体育产业发展提供广阔的市场空间。此外,发展数字体育消费,利用互联网、大数据、人工智能等现代信息技术,推动体育消费的数字化转型,如开发在线健身课程、虚拟体育赛事等新型体育消费项目。与此同时,发展体育产业,促进体育产业多元化发展,包括体育用品制造、体育赛事运营、体育培训教育、体育旅游等多个领域,推动体育产业成为国民经济的重要支柱产业。

第三节 体育产业建设实现体育强国的路径

加快体育产业发展是新时代体育强国建设的重要标志和主要内容,是促进经济高质量发展、满足人民美好生活需要的重大举措。发展体育产业既是体育强国建设的重要内容,也是加快体育强国建设的重要手段。到2035年,我国要力争将体育产业发展成为国民经济支柱性产业,这将是我国建成体育强国的又一重要标志。

在如今的国际形势下,各国经济发展迫切需要新的增长点,这对中国经济尤其重要,不仅关系到乡村振兴、共同富裕目标的实现,还关系到经济增长和体育强国建设。体育产业的发展作为经济发展中的朝阳产业,将不辱使命,积极为乡村振兴赋能、为共同富裕赋能、为经济建设赋能、为体育强国建设赋能。

一、打造现代体育产业体系

打造现代体育产业体系是体育产业发展的重要目标和方向。第一,打造体育全产业链条。体育产业上下游是一套完整的供应链和销售链,涉及农业生产、设备制造、文化创意、市场营销等众多领域和环节。同时,体育产业与其他行业、产业联系紧密,要推动体育产业与其他行业深度融合,协同发展。第二,创新商业模式,促进体育产业转型升级、提质增效。深入研究互联网对商业模式带来的颠覆性影响,通过成功案例找寻适合体育产业突破性发展的商业模式。第三,主动运用信息技术,促进传统体育制造业转型升级,全方位提升体育服务业水平。

二、激发体育市场主体活力

体育市场主体是体育产业发展的主导力量。激发体育市场主体活力能产生巨大的正向外溢效应,保障体育消费质量提升和体育市场持续发展。第一,引导企业开发科技含量高、拥有自主知识产权的产品,提高产品附加值。创新是企业发展的根本动力。要积极引导体育企业特别是中小体育企业开发附加值高、适应市场需求的科技产品。这些产品带来的高回报又会促使相关企业加大自主研发和成果转化力度,形成良性循环。第二,打造一批知名体育企业和自主体育品牌。知名体育企业和自主体育品牌是参与国际体育经济竞争的核心力量,是带动其他企业和品牌发展的标杆和龙头。这些知名体育企业、自主体育品牌要利用"一带一路"倡议等重大机遇积极"走出去",通过国际竞争检验产品质量和企业管理水平,逐步成长为中国体育产业的优秀代表。第三,搭建各类体育产业孵化平台。本着先行先试的改革创新精神,搭建不同地域体育产业交易平台和孵化平台,为企业提供孵化和投融资等服务。

三、扩大体育消费

消费是拉动经济增长的第一动力,体育消费是经济发展的重要动能。第一,增强体育消费黏性。体育赛事的广泛、持续开展为体育消费提供了广阔的舞台和空间。要做好体育消费前端体育赛事的组织和管理，为人民群众提供不同时段、不同层次的体育消费产品，激发和满足不同群体的体育消费需求。第二，拓展体育消费场域和空间。结合体育发展前沿和实际，开拓体育健身、体育观赛、体育培训、体育旅游等体育消费新空间，提升体育消费层次和水平。另外，在部分地区和行业，发展健身休闲、竞赛表演等产业，形成体育消费新的增长点。第三，应用移动互联网、大数据等技术和手段，创新体育消费支付产品，保障体育消费的便捷性。

四、加强体育市场监管

市场经济是法治经济、规则经济、信用经济，强有力的监管是保障体育市场健康发展的重要手段。第一，发挥不同主体和制度的监管作用。不同主体和制度均能在体育市场监管中发挥作用。法律法规可以在体育市场主体合法经营和违规惩戒方面发挥规范作用；行业协会可以在制定和遵守行业规则方面发挥自律作用；市场在资源配置中起决定性作用；社会公众和新闻舆论可以发挥公众监督和舆论监督的作用；体育市场主体可以发挥自我约束、诚信经营、营造良好经商环境的作用。第二，推进体育行业信用体系建设。强化体育企业信息公示，让信息在体育企业内部和其他市场领域自由流通，促进信用信息开放共享，使信息成为体育行业信用体系建设的重要凭借。加强体育行业信用记录管理，建立守信激励机制和失信惩戒机制，坚决抵制商业欺诈、制假售假、偷逃骗税等行为，促进体育行业履约践诺、诚实守信氛围的形成。

五、为乡村振兴赋能

全面建设社会主义现代化国家，最艰巨、最繁重的任务仍然在农村。新时代中国经济发展必须是协调的发展和全面的发展，习近平总书记提出的新发展理念中就明确包含了"协调"的发展理念。乡村振兴是实现中华民族伟大复兴的一项重大任务。2021年通过并实施的《中华人民共和国乡村振兴促进法》以法律的形式确定了乡村振兴的意义和使命。体育产业发展作为体育强国建设的经济动能，要为乡村振兴赋能。

体育产业是绿色产业，是朝阳产业，更是幸福产业。当体育碰撞乡村旅游，当体育和乡村休闲旅游相融合，体育产业发展就在增强农民自身致富能力方面成为重要抓手，为乡村经济发展提供源源不断的内生动力。根据国家体育总局统计的案例和数据，体育产业发展在乡村振兴过程中应该大有作为。

广东肇庆市广宁县古水河郊野径徒步线路规划全长上百千米，尽管只建设完成了35千米，但2021年的国庆假期就吸引了上万人，丰富的路段设计是吸引徒步爱好者的重要原因。徒步爱好者的大量参与直接为当地文旅、餐饮、民宿等行业带来大量需求，同时，借助互联网技术和平台，各类当地特色食品、礼品提升了知名度和销售量，体育产业发展带动了当地小镇居民的生活丰富化和经济繁荣发展。体育基础设施的完善和体育项目的开展成为远离市区的县城发展的有力抓手，对于促进当地乡村振兴影响深远。

贵州借助其优势旅游资源和自然风景，设计出了融风景、观光和比赛于一体的马拉松智慧赛道，为铜仁市提升了知名度，带来了实际的经济利益。体育赛事带来的人流量将对当地的乡村振兴起到巨大推动作用，贵州梵净山茶、沿河空心李、德江天麻、玉屏黄桃、梵净"仙菇"等特产也将在赛事的带动下走向全国。

体育赋能乡村振兴带来的不只是城市居民的一次放松，而是让乡村振兴找到一个生态优先、绿色高质量发展的新路子。一个接一个优质体育项目的落地，让乡村旅游目的地因为多样化的体育赛事变得更加多彩，更有吸引力。体育与旅游的融合发展，实现了丰富人民生活、增加农民收入、保护地方生态和推动乡村振兴的多维目标，从而实现了体育产业发展为乡村振兴赋能的目标。

六、为共同富裕赋能

习近平总书记在2021年10月16日出版的第20期《求是》杂志上发表重要文章《扎实推动共同富裕》强调："党中央把握发展阶段新变化，把逐步实现全体人民共同富裕摆在更加重要的位置上，推动区域协调发展，采取有力措施保障和改善民生，打赢脱贫攻坚战，全面建成小康社会，为促进共同富裕创造了良好条件。现在，已经到了扎实推动共同富裕的历史阶段。"

以浙江省的体育产业建设为例。2021年，《中共中央国务院关于支持浙江高质量发展建设共同富裕示范区的意见》印发，强调浙江要先行先试、作出示范，为全国推动共同富裕提供省域范例。

根据浙江省人民政府办公厅发布的《关于促进全民健身和体育消费推动体育产业高质量发展的实施意见》，浙江省体育强国建设的经济动能名列前茅，在省内和其他产业相比，体育产业发展增速显著占优。

2021年8月，农业农村部、浙江省人民政府联合印发《高质量创建乡村振兴示范省推进共同富裕示范区建设行动方案（2021—2025年）》，明确指出浙江省要优化发展乡村休闲旅游，催化发展乡村康养产业，因地制宜发展温泉疗养、中医养生、健康养老、运动健身等新产业形态。体育产业已经在浙江推动共同富裕的过程中大显身手。例如，金华市磐安县冷水镇小章村以气排球运动为特色，带动全村经济发展，让原本的"三无村"成为远近闻名的富裕村；在2017年8月公布的全国首批96家运动休闲特色试点名单中，衢州市柯城区森林运动小镇成为全国首批休闲特色小镇，一跃成为热门旅游打卡地。通过打造知名运动品牌和运动目的地，浙江省体育产业建设正在为共同富裕赋能，以助力体育强国建设。

七、为经济建设赋能

未来经济发展的动能何在？世界经济如何才能走出阴霾？体育产业的发展有助于探求问题的答案，体育产业发展正在为经济建设赋能。成渝地区双城经济圈案例就是最有力的佐证，重庆联手成都，体育联姻旅游，双重加法实现了"一加一大于二"的经济效果。

在原有金佛山等景区观光旅游的基础上，重庆市南川区推出以登山、骑车、滑翔为主的户外运动及以康养游、体验游、深度游为主题的"体旅"结合游。为了更好地吸引游客，进一步推动体育与旅游的深度融合，借助2022北京冬奥会下国家大力发展冰雪运动的契机，金佛山充分利用其自身优势，依托景区北坡滑雪场提升项目体验和品质，通过引进以色列高温造雪技术及先进设备，延长滑雪周期，吸引了大量游客，不仅带来门票收入，住宿、餐饮、交通等一系列收入，也给当地经济发展注入新的力量。

四川省也有不俗的体育产业发展的成绩单，据四川省体育局和四川省统计局联合发布的《2020年四川省体育产业总规模与增加值数据公告》显示：2020年，四川省体育产业总规模（总产出）为1 734.02亿元，增加值为648.02亿元，占当年四川省生产总值的比重为1.33%；从名义增长看，总产出比2019年增长9.6%，增加值增长7.5%；从内部结构看，体育服务业发展优势明显，2020年增加值为511.02亿元，在体育产业增加值中所占比重增加到78.9%，比上年提高0.6个百分点。只要抓住体育产业发展的机遇，川渝两地就抓住了经济发展的牛鼻子，就有助于实现经济稳定，有效促进体育强国建设发展方式的转变。

第五章　体育强国实现路径之群众体育建设

群众体育建设是实现体育强国的重要一环，它对于提高全民身体素质、促进健康生活方式形成以及增强社会凝聚力具有重要意义。本章通过对群众体育及其发展概况进行论述，探寻群众体育建设在实现体育强国过程中的路径，以推动群众体育事业的发展，为体育强国建设奠定坚实的基础。

第一节 群众体育概述

一、群众体育的概念

我国对群众体育概念的界定还没有形成统一的观点,可以从广义和狭义两个方面入手加以分析。

(一)广义的群众体育

广义的群众体育是与竞技体育并存的现代体育的重要组成部分之一,指的是广大群众在闲暇时间中广泛开展的,以身体运动为主要手段,以提高健康水平、进行娱乐消遣为主要目的,在身心健全发展的阶梯上不断超越自我,促进社会物质文明、精神文明进步的大规模社会实践。

(二)狭义的群众体育

狭义的群众体育(也称社会体育、大众体育)则是指厂矿企业、机关事业单位的职工,以及城镇居民与农民,为达到健身、健心、健美、娱乐、医疗等目的而进行的内容丰富、形式多样的身体锻炼活动。

随着社会经济文化的发展,群众体育所涉及的领域越来越广,逐渐形成了专门的研究范畴,充分体现了群众体育科学文化水平的提升。

依据区域特征,可将群众体育类型分为城市体育、乡镇体育、农村体育;依据参与人群的年龄,可将群众体育类型分为婴幼儿体育、儿童少年体育、青年体育、中年体育、老年体育;依据活动场所,可将群众体育类型分为家庭体育、社区体育、企业体育;等等。

二、群众体育的特点

相较于竞技体育来说,群众体育本身所具有的特点主要有以下五个方面。

(一)广泛性

群众体育的广泛性主要是针对参与对象而言的。群众体育的参与对象在性别、职业、信仰、年龄等方面没有限制,无论是学龄前的婴幼儿还是离退休的老年人,也不论是从事农业劳动的农民还是企事业单位的职工,以至保家卫国的军人、身有残疾的患者等，都有适合参加的体育项目。

（二）健身性

群众体育的健身性主要是针对活动目的而言的。群众体育的基本宗旨是强身健体。群众体育活动以身体锻炼为基本目的，运动负荷适中，以不超过保健水平为度，不追求创造优异的运动成绩，而比较讲求锻炼环境的卫生和清洁。

（三）业余性

群众体育的业余性主要是针对活动时间而言的。群众体育是人民群众业余文化活动的重要内容之一，其服从、服务于人们的生产和工作。一般来说，群众体育的开展大多集中于班前、工余或节假日期间。

（四）娱乐性、多样性与灵活性

群众体育的娱乐性、多样性与灵活性都是针对活动内容来说的。群众体育活动轻松、愉快、活泼、新颖，具有娱乐性，能对人们兴趣爱好的满足起到积极的促进作用。此外，群众体育的活动项目以广大群众喜闻乐见为前提，内容丰富多彩。

目前国外群众体育流行的主要项目有步行、健身操、保龄球、交谊舞、高山滑雪、攀岩、滑板、滑翔、漂流、冲浪、徒步穿越、山地自行车等。另外，西方国家的户外运动热潮一直居高不下，这些国家非常重视利用森林、山地、湖泊、水库、海滩等自然资源开展体育活动。当前，我国已经对大量的民族传统体育项目进行了整理，这些体育项目能使群众体育的内容得到进一步的丰富和充实。

群众体育活动形式不拘一格，除体育教学、体育训练、体育竞赛、体育表演这些较为常见的形式之外，还有体育锻炼、体育娱乐、体育旅游、体育观赏、体育探险等形式。

（五）复杂性

群众体育的复杂性主要是针对组织管理来说的。群众体育涉及人员多、范围广，素质水平参差不齐，并以自愿为基础，因此在组织管理上难度较大。

三、群众体育的组织

人们为了达到体育或相关目标，满足社会对体育的需求，将人们的行为彼此协调与联合起来形成的具有相对独立形式的社会团体或单位，就是所谓群众体育组织。群众体育是一项几乎涉及每个社会成员的社会性活动,它几乎渗透进社会的每个细胞,因此对其进行组织管理是一项复杂而细致的工作。

群众体育本身所涉及的范围较为广泛,包括厂矿企业体育、机关事业单位体育、农村体育、部队体育、社区居民体育和学校中的学生课余运动训练、竞赛和锻炼活动。将这些活动有机地联系在一起,便构成群众体育的整体。一个高度组织化的社会必然要对群众体育实行组织较为严密和系统的管理,而群众体育组织化程度的高低也能将一个社会组织化水平的高低从客观上反映出来。

作为一种社会性活动,群众体育具有不同类型的组织,因为只有这样才能达到将人与人之间,人与资金、器材、场地之间的各种关系处理好的目的。群众体育组织的种类很多,有的以政府行政单位为系列,有的以行业社团来区别,有的以体育项目为主旨,有的以参与对象为分类依据。尽管不同群众体育组织有着不同的活动方式和组织机构,但它们的基本作用都在于将具有不同特征的人群用适当的方法组织起来,为他们提供必要的活动条件(如场地、器材、技术等),使他们得以开展经常性的体育活动,并安排竞赛和考核,从而增强群众体质,丰富社会文化生活,使人们在体育运动方面的各种需求尽可能得到满足。

(一)群众体育组织的常见类型

不同的群众体育组织的层次和地位不同,这就决定了其职责和分工也各有不同。一般来说,常见的群众体育组织的类型有以下几种。

1. 群众体育政府机构组织

世界上大多数国家的政府机构中都设有管理群众体育的机构。我国体育行政组织是指主管我国体育事业的各级体育行政机构,由国家体育总局和各省(自治区、直辖市)、市、区(县)等各级体育局构成。中央和地方各级体育局中都相应地设立下属的群众体育管理部门,其具体职责主要包括以下方面:

①对全国群众体育的发展战略加以研究,制订全国或当地的群众体育发展规划,以及当年的群众体育工作计划;

②制定群众体育工作的经费预算和结算方案;

③对群众体育工作的政策、规定或条例的研究制定;

④对全国或当地大型的综合性群众体育活动的组织管理;

⑤进行调查研究、检查督促,及时总结经验,表彰群体先进单位,推动全局工作;

⑥进行民间群众体育团体的组织管理工作,以及各团体的协调工作。

政府机构中的群众体育组织主要应对群众体育进行宏观的、全面的、长远的管理，应将人民团体和民间组织的积极性充分体现出来，从而有效促进群众体育的发展。

2. 人民团体中的群众体育组织

我国许多部门，如中华全国总工会、中国共产主义青年团、中华全国妇女联合会中都设有专门管理群众体育的机构。人民团体中的群众体育组织主要负责管理本部门、本系统的群众体育工作，其主要职责包括以下方面：

①制订本部门本系统群众体育的发展规划和工作计划，并参与当地群众体育工作计划的制订；

②直接参与包括筹措经费、租借场地、借调人员等在内的各种群众体育活动的组织工作；

③积极配合和支持当地体育行政部门的工作，认真完成当地群众体育工作计划中规定由本系统、本部门进行的活动任务；

④经常对本系统、本部门所属群众的健康状况和发展体育活动的条件等进行社会调查，提请当地政府部门重视群众体育活动。

3. 群众体育民间组织

为了实现某种共同的体育目标而由人民群众自发成立起来，并采取类似的体育方法的群众体育组织，就是所谓的群众体育民间组织。其中，较为典型的有各地老年人体育协会、残疾人体育协会、冬泳协会、自行车旅行协会、武术协会等。这类组织的特点是与群众联系密切，具有一定的技术指导力量，不必由国家负担经费，因此具有较强的生命力。

群众体育民间组织的职责主要包括以下方面：①以规程为依据筹募经费、发展会员、增加体育人口；②组织比赛或有关集会，如研讨会；③为会员提供活动场地、器材和技术指导；④与其他协会进行联系。

（二）群众体育活动的组织形式

群众体育活动的组织形式也是多种多样的，其中较为常见的有以下三种。

1. 个人和家庭体育

家庭体育是近年来国内外广泛提倡的一种活动形式。这种活动形式能将家庭的余暇时间充分利用起来，促进家庭成员相互了解，保持家庭的和睦康乐，还能对社会稳定起到积极的促进作用。个人和家庭体育的开展对终身体育的发展具有重要的作用，但需要具备一个重要的前提条件，即社会的体育教育必须具有较高的水平。

2. 辅导站、训练班活动

辅导站、训练班活动是以推广或传授某种操、拳、功或其他运动形式为目的而临时组织起来的一种活动形式。这方面比较具有代表性的有气功培训班、杨式太极拳辅导站、健美操训练班等。这种组织形式多采取收费的方式，并配有辅导员，因此锻炼效果也很好。

3. 俱乐部协会或体育中心

俱乐部协会或体育中心是一种附设在体育设施中有专职管理人员的固定体育组织。会员可以经常到那里去参加自己喜爱的活动，有必要的场地器材和技术指导，并有洗浴场所和医务人员，因此是一种文明程度较高的组织形式。通常情况下，这类组织形式在经济较发达的大中城市是比较常见的。

四、群众体育的开展

（一）群众体育活动开展的重要意义

群众体育活动的开展具有非常重要的意义，具体表现在以下方面。

1. 满足现代社会生产和生活的迫切需要

开展群众体育活动是现代社会生产和生活的迫切需要，这种需要往往是从以下三个方面发展而来的。

第一，20世纪以来，随着科学技术的迅速发展，生产过程自动化程度日益提高，劳动力结构向智能化趋势发展，体力劳动与脑力劳动的比例不断发生变化。科学技术的进步既在一定程度上改变了劳动工具、劳动对象与劳动方式，也在一定程度上对劳动者从体力型转向智能型产生了积极的推动作用。这种改变使劳动者在生产过程中体力消耗减少，运动也由此减少，从而对体育活动的需要更为迫切。

第二，随着生活条件的不断改善，高血压、高血脂、冠心病等疾病的发生概率越来越高。从保护劳动者的身心健康以适应现代条件下的生产方式的角度看，开展劳动者的体育，特别是终身体育是必不可少的。

第三，现代紧张、快节奏的工作方式使人们在紧张的工作之后需要通过一些活动来使自己的身心得以调节和放松，而体育活动则是人们最喜爱的一种休闲方式和恢复精力的手段。与此同时，随着社会生产力的不断提高，人们的劳动时间缩短，余暇时间也相应增多，这些都为其参与体育活动提供了可能。

除上述方面外，世界各国的经济发展和社会进步也为群众体育的开展提供了越来越多的有利条件。新闻媒体的体育节目和信息越来越多，并迅速吸引亿万民众参与体育活动。世界上一些国家的政府通过立法形式规定了公民参加体育的义务和权利，还在城市规划与社区建设中配置了体育场馆或场地。这些都为群众体育不断深入社会的各个领域，甚至深入家庭创造了有利的条件。群众体育不仅改变着人们物质生活的内容和形式，还对人们的精神生活产生了深刻影响，是提高人民群众生活质量的重要途径。

2. 切实为人民谋利益

从实践中可以得知，群众体育对提高我国人口素质和人民群众的生活质量产生了重要的影响。维护和保障全体公民参加体育的权利，从而使人民群众日益增长的体育文化需要得到满足，是实现我国体育改革发展的根本宗旨、切实为人民谋利益的重要体现。

当前，我国群众体育对体育的全民性、终身性发展起到积极的推动作用。对中年体育、老年体育、妇女体育、残疾人体育和康复体育、各种职业体育、社区体育、农村体育及家庭体育等，都形成了专门的研究领域。追求少年儿童的健康发育、中青年的精力充沛和健美、老年人的健康长寿等，已成为全国的潮流。

（二）群众体育的开展形式

群众体育通常是借助不同的形式开展的，具体来说，主要有以下四个方面。

1. 保健运动

提高人民的健康水平和延年益寿是保健运动的主要目的所在。这种活动的个体选择性特点较为显著，通常情况下，会以个人身体状况和兴趣爱好为主要依据进行有针对性的安排。群众既可以选择我国传统的导引养生术，又可以采用西方的有氧锻炼法。按运动处方进行锻炼是保健运动的发展方向之一。

2. 体育娱乐活动

以寻求乐趣为目的的体育活动被称为体育娱乐活动。这是一种特殊形式的娱乐活动，它不仅需要参与者具有一定的体育技能和知识，还需要有适当的场地和设备条件才能顺利开展。

体育娱乐活动需要有一定的场地条件作为基础。例如，篮球、足球、网球等体育项目都需要有专门的场地来开展活动。这些场地不仅需要满足不同项目的技术需求，还要保证参与者的安全。因此，体育娱乐活动的开展需要有一定的场地设施建设投入，才能为参与者提供良好的活动环境。体育娱乐活动还需要具备一定的设备条件。例如，健身器材、游泳设备、滑雪装备等都是开展相应体育娱乐活动所必需的。这些设备不仅需要满足不同项目的需要，还要保证质量和安全，因此需要有一定的资金投入并进行设备维护管理。体育娱乐活动的开展还需要有适当的组织和安排。由于不同的人有不同的兴趣爱好和技能水平,因此需要有一定的组织和安排能力,从而将不同的人聚集在一起,开展有趣的体育娱乐活动。

3. 群众竞技比赛

群众竞技比赛能够激励群众进行锻炼,对群众体育发展起到积极的推动作用。在组织群众体育的竞技比赛时,应从实际需要出发,通过制定规章制度和比赛规则的手段,提高群众参加比赛的积极性,同时还要控制好运动负荷和比赛强度,使比赛的安全得到保证。

4. 旅行活动

旅行活动的主要特征为离开居住地,它使人们能够体验到日常生活中难得的经历,能够经受生理、心理负荷变化的考验,并能取得增长阅历、陶冶情操的双重效果。旅行的具体形式有很多种,有长途旅行和短途旅行,也有徒步旅行与乘坐交通工具旅行等。在有人同行的情况下,应采取结伴或集体行动的方式,并要求在旅行前做好充分的准备,这样能使旅行的效果得到有效提升。

第二节 群众体育发展概况

一、我国群众体育的发展历程

(一)群众体育的产生

群众体育是社会生产力发展到一定阶段所必然出现的一种社会现象,其在提高生产力、促进社会安定团结、丰富人类精神文化生活等方面都起到积极作用。

群众体育的产生是一种必然,这与其必不可少的前提条件有着密不可分的联系。具体来说,群众体育产生所具备的条件主要包括以下几点:经济水平的提高,城市化进程的加快,科技的进步,闲暇时间的增加,大众健身项目的多元化发展,群众体育的开放性和多功能性增强,人口老龄化的加剧,构建和谐社会的需要。

(二)群众体育的发展

群众体育自产生之后便得到了良好的发展,下面就对中华人民共和国成立后我国群众体育的发展情况进行分析和阐述,从而厘清群众体育发展的脉络。具体来说，可以将我国群众体育事业的发展历程大致分为四个发展阶段，每个发展阶段都有其各自的特点。

1. 创业阶段（1949—1957年）

在这一时期，我国百废待兴，中华民族身体素质的不断提高已成为建设和保卫祖国的重要保障，群众体育在这一时期受到国家高度的关注和重视。1954年，中共中央批转中央人民政府体育运动委员会（现为"国家体育总局"）党组《关于加强人民体育运动工作的报告》，指出改善人民的健康状况是党的一项重要任务。我国进入计划经济建设阶段，人们的身体健康需要加强，各级党委要将人民的体育运动作为一项国家新事业来抓，这使群众体育健身得到了前所未有的发展和重视，在当时已成为体育事业发展的重要核心。

在这一阶段，一些群众体育的相关组织机构也相继成立。例如，1952年6月，中华全国体育总会成立；同年，中华人民共和国国家体育运动委员会（现为"国家体育总局"）成立；1955年，中华全国总工会设置了体育部门，专门负责相关的职工体育工作。此外，各个省、自治区、直辖市等也先后成立了体育部门。1956年，我国召开了首次全国农村体育工作会议，该会议要求建立相应的县级体委，并配备专职干部，重点强调了在农村体育中要贯彻简便易行和业余自愿的体育工作原则。1957年，铁路、公安等全国20多个系统也相继成立了行业体育协会，拥有4万个基层职工体育协会。同时，体育场地设施在全国范围内也得到了前所未有的建设。这些都对广大人民群众参与体育锻炼的兴趣和热情起到积极的激发作用。同时，还学习和借鉴苏联的先进经验，开始制定和实施有关群众体育健身活动的制度和政策，"准备劳动与卫国"的体育制度（以下简称"劳卫制"）被进一步推广，并实施了基层体协制度、产业体协制度、职工体育制度、工间操制度、广播操制度等。可以说，这一阶段开始逐渐朝着为群众体育建设一个"黄金发展时期"的方向发展。

在这一时期，全国人民的身体素质整体水平有了一定程度的提升，同时也对国防和经济建设的发展起到积极的促进作用，并为群众体育健身以后的发展确定了一个基本框架。群众体育健身在这一时期有着鲜明的军事和政治色彩，要为社会生产和国防建设提供相应的服务，这在一定程度上使群众体育成为一项严肃的政治任务，同时也将爱国主义同群众体育结合在一起，对人们参与体育锻炼的政治责任感予以极大的激发，在全国范围内掀起了参与体育运动健身的热潮。由于场地设施比较缺乏，并且要与社会生产和国防服务的相关需要相贴近，群众体育活动在这一阶段的内容比较枯燥、单一，具有突出的实用性，但多样性较弱，以军事性较强的项目或体能练习为主。

2. 起伏发展阶段（1958—1976年）

这一时期，一些行为与群众体育健身的客观规律不符，群众体育发展步伐减慢。从1963年起，我国的国民经济形势开始有所好转，各行各业逐渐恢复了生机，群众体育也开始复苏。1964年，在国家体育运动委员会（现为"国家体育总局"）的大力推动下，包括游泳、通信、射击、登山在内的"四项活动"在全国得到大力发展。到1965年，这四项体育活动的参与人数达到了250万人。随着中华人民共和国第二届运动会的举行，群众体育活动在全国范围内出现高潮，得到了进一步发展。1969年后群众体育健身异乎寻常地兴旺，全国不少县级以上的机关、工厂纷纷开展了以球类、游泳、长跑为主要内容的群众性体育竞赛活动。职工开始自发地开展体育锻炼活动，农民则利用学校的场地、晒谷场和田间空地开展力所能及的体育活动。

这一时期，人们对群众体育工作的规律有了更加深入的了解和认识：群众体育健身的发展要与国家经济发展水平相适应；群众体育工作不能脱离具体实际，不能违背身体锻炼原则的客观规律。全国范围内的各类群众体育健身组织开始恢复和新建。

3. 恢复、发展与初步改革阶段（1977—1991年）

这一时期，随着政治的稳定、思想的解放，经济开始快速增长，这也在一定程度上带动了我国各级各类的群众体育健身组织的恢复和完善，群众体育活动在新的社会环境中得到迅速恢复和发展，从此进入了新的发展阶段。

20世纪80年代，我国社会经济体制改革逐步深化、企业经营机制改革力度不断加大，在计划经济体制下形成的群众体育发展模式遭遇发展瓶颈，社区体育这一新的群众体育形态在我国城市地区应运而生。

这一阶段，农村体育也逐渐开始受到重视，并且取得了一定的进展。此时，农村各地区相继成立诸如"辅导站""文化站""农村文化中心"等活动组织，这些活动组织都将体育活动作为重要的内容。

4. 改革深化与创新阶段（1992年之后）

随着社会经济改革的不断深入，人们逐渐意识到以计划经济体制为基础的群众体育体制无法实现群众体育在新的发展形势下的目的和功能，必须对现有的群众体育体制进行有效改革。具体来说，就是要促使体育改革的步伐进一步加快，转换和改革体制，建立同我国社会主义市场经济相适应的，与现代体育运动规律相符，受到国家调控、依托于社会，能够自我发展的、充满活力和生机的、良性循环的体育管理体制和运行机制,从而形成以社会办作为主体、国家办同社会办相结合的新局面。

要想确保该目标的顺利实现,就必须使群众体育健身普通化、生活化、科学化、社会化、法治化和产业化,使个人在体育方面的消费类型由福利型转变为消费型。同时,使体育活动由国家独办转变为所有参与者共办,并使体育组织脱离单纯行政型的组织形式;体育干部也由经验型转变为科学型,体育事业从事业型向产业型转变,体育工作也逐渐开始法治化。

这一时期的体育改革措施对中国群众体育事业的发展起到了积极的促进作用,推进和加快了群众体育活动的创新与发展、体育知识的普及、体育意识的培养以及相关体育理论科学知识的发展。同时,群众体育健身的功能也得到了充分的拓展,产生了较为显著的经济效益和社会效益,在社会生产要素的改善、效率的提高、医疗费用的降低和社会稳定程度等诸方面也展现出了卓越的成效。

二、我国群众体育发展的成果

我国群众体育经过长期的发展,已经取得了一定的成果,具体来说,主要表现在以下方面。

(一)群众体育在农村、乡镇发展迅速

自我国 2015 年推出"亿万农民健身活动"以来,广大农民积极参与体育锻炼,对农村群众体育的发展起到积极的促进作用。

(二)体育人口有了稳定的增长

近年来我国体育人口中,青少年群体数量在不断增加,而且体育人口总量也在持续增加,不同体育群体在体育人口中的比例不断趋于平衡,差距在逐渐缩小。

(三)社区体育发展迅速

在将社会主义市场经济体制确立下来之后,我国原有的"单位群众体育"模式被打破,以地缘联系为纽带、以业余自愿为前提的社区体育快速发展起来。城镇社区体育最具中国特色的是"晨练",老年人是其中的主力军。

(四)群众体育产业快速发展

近年来,随着人们经济条件的不断改善和余闲时间的增多,热衷于体育消费

的人越来越多。选择项目的多样性特点越来越显著，如游泳、网球、健美操、乒乓球、羽毛球、保龄球、台球等运动都已成为体育消费市场的热点。

（五）体育旅游得到良好发展

随着我国经济的不断发展及新节假日制度的实行，人民群众自由掌握的金钱和时间不断增加，这为其参与体育旅游提供了必要的条件。经过几年的磨合，人们的消费取向逐渐成熟，观光开始逐渐向休闲转变，被动赏景也逐渐向主动参与转变，体育健身日益成为旅游的一大卖点。一般来说，较为常见的登山、攀岩、漂流、划船、游泳、垂钓、射击、滑雪等成为新潮体育运动项目并广受欢迎。

（六）文体结合、消遣娱乐的运动项目居多

从相关调查中发现，我国居民参与体育锻炼人数比较多的项目主要有武术、秧歌舞、健身操、交谊舞、慢跑、散步、自由运动等，这些项目不需要大规模的场地和标准的设备就能进行，简便易行。

三、我国群众体育发展中存在的问题

我国群众体育发展过程中存在的问题较多，可以大致归纳为以下方面。

（一）资源配置不均

城乡之间、地区之间的体育资源差距是群众体育发展中的一个显著问题。在城市地区，体育设施完备、教练资源丰富，各类体育活动蓬勃发展；然而，在广大农村地区和一些经济欠发达地区，体育设施匮乏，甚至最基本的运动场地都难以保证，专业教练更是凤毛麟角，资金投入也远远不能满足实际需求。这种资源的不均衡分布，严重制约了这些地区群众体育的普及和发展，影响了全民健身事业的深入推进。因此，如何缩小城乡和地区间的体育资源差距，成为当前迫切需要解决的问题。

（二）投入机制不足

一些地方在发展规划中并未给予群众体育足够的重视，往往更偏向于经济建设等方面。这导致群众体育活动缺乏持续、稳定的资金支持，体育设施的建设与维护因此受到影响，无法满足广大群众的基本运动需求。这不仅影响了群众参与体育活动的积极性，还可能对全民健康素质的提升形成一定阻碍。

(三)组织管理滞后

目前,一些群众体育活动缺乏专业性的指导和管理,导致活动内容单调、形式单一,很难吸引广大群众的积极参与。随着人们生活水平的提升,群众对体育活动的需求也越来越多样化,而现有的体育活动很难满足这些个性化需求。因此,引入专业指导、丰富活动内容和形式,成为推动群众体育发展的关键所在。

(四)参与度不高

当前,一些人缺乏定期运动的习惯和基本的健身知识,使得他们对体育活动缺乏兴趣和参与动力;有些人则可能因为工作忙碌或生活压力大,忽视了运动对身心健康的重要性。这种情况导致群众体育活动的参与度不高,影响了整个社会体育氛围的形成。

(五)发展理念落后

部分地方和部门对于群众体育的认知仍然停留在传统的竞技体育上,未能及时跟上时代的步伐,深入理解群众体育的多元化、全民化发展趋势。这种落后的发展理念导致它们在规划和推动体育发展时,更多地关注竞技体育,而忽视了群众体育的广泛性和多样性,从而影响了全民体育事业的全面进步。

第三节 群众体育建设实现体育强国的路径

一、做好群众体育的普及推广工作

(一)充分利用多媒体资源宣传体育

当今社会处于信息网络时代,网络的发展导致很多人在闲暇时间沉浸于网络世界,减少了对体育活动的关注。鉴于这一情况,可以通过大众传播媒介对社会体育新闻进行大力报道,让人们随时随地都能感受到全民健身浪潮正在袭来。与此同时,还要广泛宣传体育健身对人们生活的积极影响,从而营造一种人人崇尚健身、参与健身的氛围,最终达到提高群众对社会体育的认识水平的目的。

(二)发挥政府的牵头作用

一方面,要进一步完善学校体育教育政策,以学校体育资源为依托,将体育锻炼的短期培训班建立起来，面对社会大众开放，将一些简单常用的体育技能和体育锻炼的方法普及到位，从而使人们的体育意识得到进一步的提升。

另一方面，以全国各地的经济发展状况为主要依据，有目标地将各种档次价位的健身俱乐部或者简易的健身设施建立起来，尽可能地为各类人群的健身和锻炼提供更便利的环境，同时也让更多的社会阶层能够接触到体育健身活动，从而使群众体育在更广阔的范围内得到普及与推广。

二、做好经济落后地区的群众体育事业资金保障工作

我国经济的发展在地域上有着显著的差异性，东西部地区之间与城乡之间的经济差距较为显著，这种情况也导致我国的社会体育发展同样呈现出不平衡的特征，从而进一步导致我国经济欠发达地区会面对社会体育发展的资金来源及投入经费不足、短缺的窘境。鉴于此，国家要以具体的经济发展情况为主要依据，在资金、技术方面给予西部地区以及广大农村等经济相对落后地区大力的投入与支持。同时，为了有效避免受经济限制而影响当地的社会体育发展的问题，当地政府还应该进一步加大经济调控管理力度，有针对性地制定一套科学、合理的公共体育设施管理政策。除此之外，还要在建设或者改造公共体育设施等方面加大投入，对一些重视全民健身活动的单位给予财政及物质上的奖励。

三、建立健全全民健身的地方性法规

政府应该以本地区的实际情况为主要依据，有针对性地制定一套可执行度高的规章制度，将社会体育纳入法治的轨道，从而真正做到有法可依、有章可循，最终达到群众健身制度化、日常化的目的。

第一，明确立法目的与原则。地方性法规应明确立法目的，即促进全民健身活动的开展，提高居民身体素质，推动地方体育事业发展。同时，法规应遵循国家相关法律法规，确保与上位法保持一致，并结合地方实际，体现地方特色。第二，规范全民健身设施建设与管理。在设施规划上，法规应规定各级人民政府应充分利用自然资源和现有空间，合理配置全民健身设施，确保城乡居民都能便捷地享受到体育设施。在建设标准上，明确新建居住区、公园、广场等公共场所的体育设施建设标准，确保设施数量和质量满足居民需求。在维护与管理上，规定设施的维护责任单位和维护周期，确保设施安全、完好、可用。同时，鼓励社会

力量参与设施建设和维护。第三，加强全民健身服务与保障。建立健全全民健身服务体系，提供科学健身指导、体质监测等服务，满足居民个性化、多样化的体育需求。此外，明确各级政府在全民健身事业中的投入责任，确保全民健身工作的经费保障。同时，鼓励社会资金参与全民健身事业。第四，强化监督与法律责任。就监督机制而言，建立全民健身工作的监督机制，定期对全民健身设施、活动开展等情况进行检查和评估；就法律责任而言，明确违反法规的行为及其法律责任，对破坏设施、妨碍全民健身活动开展等行为进行处罚。

第四节 群众体育与体育强国协调建设路径

为促进群众体育与体育强国协调建设，需将城市体育与乡村体育衔接起来，下面以社区体育、农村体育为例，探讨群众体育与体育强国协调建设的可行路径。

一、社区体育与体育强国协调建设路径

（一）更新发展理念，转变发展方式

没有创新就没有发展，更新观念是发展的前提。社区体育要想得到可持续的稳定发展，就必须以全局的、长远的、战略的和与时俱进的发展理念为指导。要确定"协调共进"的系统发展观。社区体育既要与社区建设同步进行、协调发展，又要与农民体育、职工体育、农民工体育、竞技体育协调发展。只有协调共进，才能使体育强国的战略目标尽快得以实现。

从某种意义上来说，我国推进社区体育改革是在政府主持下进行的制度选择和创新。这种改革是在保持现有体制稳定的前提下，不与竞技体育体制发生冲突，以循序渐进的方式，在社区体育内、竞技体育外的社会上进行。主要是借助建立社会性的"体外循环"模式的外力，来对体育利益格局和资源供给进行调整，从而对社区体育发展起到积极的推动作用。在社区体育体制内，社区体育的潜能尚未动员起来。因此，转变社区体育发展方式成为一种必然。在体制外模式推动的前提下进行体制内的改革，即对于开展社区体育的人力资源、物力资源和财力资源进行改革，为社区体育的开展投入更多的人力、物力和财力，如将部分竞技体育人才转变成社区体育服务的专业人才。

(二)创造良好的发展环境

良好的环境为社区体育的快速、可持续发展奠定了坚实的基础。从城市规划方面看,应对环境—社区—体育系统合理地进行环境规划,社区体育的管理部门、城市规划部门、城市建设部门通过良好的协作、沟通,改善社区的人文环境。在社区建设前规划好社区的绿地、社区公园、健身设施位置等,使居民能在良好的人文环境熏陶下进行活动。此外,充分改造和利用城市的街边、空地、旧广场等,为居民体育锻炼提供优美的环境和便利、安全的活动场所,使户外活动、郊游、远足、踏青等在自然环境下的体育活动项目更加贴近自然。在社区中,要将自然环境、人文环境、社会环境充分利用起来,这有利于创造居民体育活动良性发展的健康模式。

(三)切实解决社区体育发展中存在的问题

"社区体育"一词从出现到传入我国,在整个发展的过程中出现了一些问题。切实解决好这些问题,能够使社区体育的研究不断深入,使社区体育不断发展。

目前我国社区体育在管理体制、运行机制,社会体育指导员的培训、培养、指导率以及社区经常参加体育锻炼的人群比例、社区体育消费等方面还有一些问题亟须解决。这些问题会对社区体育的发展进程产生一定的阻碍作用,使社区体育与竞技体育发展不同步,甚至差距越来越大,从而对体育强国目标的实现产生影响。因此,着力解决社区体育发展中存在的问题,对于更好地促进体育强国与社区体育协调发展是非常重要且必要的。

(四)建立衡量社区体育发展策略指标体系

社区体育发展策略能否对社区体育发展提供现实的、具有可行性的推动作用,需要借助于一定的指标来加以衡量,只有将衡量社区体育发展策略有效性的指标体系建立起来,才能对社区体育发展策略的有效性进行更好的检验。目前,社区体育的开展和发展等方面的建议和策略比较多,这些建议和策略对社区体育的开展和发展方面的借鉴意义及可行性还有待进一步验证。因此,建立衡量社区体育发展策略有效性的指标体系势在必行,这也是未来本课题组对社区体育进行深入研究的后续内容。

(五)构建中国特色社区体育发展模式

我国社区体育的发展必须根据本国国情,构建中国特色社区体育发展模式,才能更好地促进我国社区体育的发展和体育强国目标的实现。

目前，我国正处在并将长期处在社会主义初级阶段，生产力发展水平相较于发达国家是较为落后的，且人口多、城乡区域发展不平衡，社区体育面临着人均体育场地面积小、居民体育意识不强、消费水平不高等问题。因此，在借鉴他国社区体育发展策略的基础上，以我国社区体育开展情况和国情为主要依据，将与中国社区体育发展相适应的模式建立起来就显得尤为重要。建立中国特色社区体育发展模式，能够对社区体育的发展起到积极的促进作用，不断提高居民体质，最终实现体育强国的目标。

二、农村体育与体育强国协调建设路径

根据第七次全国人口普查数据，我国居住在乡村的人口占总人口的36.11%，可以说，农民是群众体育的主力军，农村体育是群众体育的重要组成部分。因此，将农村体育与建设体育强国工作协调起来进行发展意义重大，具体来说，可以采取以下四个方面的措施加以促进。

（一）协调农村体育相关关系，准确定位农村体育

农村体育、社区体育与职工体育都属于群众体育的范畴，但由于其参与人群特征不同而使得三者之间存在着一定的差异性。

目前，社区体育与职工体育的主体在体育参与意识、频次和程度上要比农村体育参与主体强一些。要想提高农村体育参与主体的参与意识，就要处理好农村体育与社区体育、职工体育之间的关系，同时，还要在保证社区体育、职工体育正常发展的前提下，有意识地将战略重点转移到农村体育的发展上。

此外，由于目前城镇化进程加快，农村体育在发展方向等方面逐渐向社区体育靠拢，对农村体育未来发展方向的正确定位对于农村体育乃至群众体育的发展速度和程度的提升也是较为有利的。因此，以现有资源和情况为主要依据，正确定位农村体育是农村体育发展策略的重点。

（二）遵循因地制宜原则

我国社会经济文化存在着不平衡和区域化特点，农村体育的发展也呈现不协调现象。为此，在区域体育发展格局上，从各地区经济、社会、文化发展不平衡的实际出发，呈梯度、有重点地分步实行发展策略是非常重要且必要的。不仅东部、中部、西部、东北部不同区域有所区别，就算是同一区域的不同乡镇、村落

之间也存在着或大或小的差异。这就要求通过客观、有效的分析，提出不同的发展目标和要求，制定不同的发展步骤和符合实际情况的发展战略。所谓有重点，是指将农村体育活动的组织和指导作为重点，全面提高农村体育活动的数量和质量，在城乡一体化的进程中对各地区农村体育的发展起到积极的促进作用。

（三）建立促进农村体育整体发展的立体体系

农村体育发展要与体育深层次的文化领域、实际核心问题——服务及提高人口素质这一最终目的有机结合起来，建立一个从核心内容到最终目的的立体体系。一方面，要对农村体育文化的精髓进行深入挖掘，使其不断地传播并发扬光大，进一步加强体育服务体系的建立，为方便农民参与体育锻炼提供多方位的服务和保障，做好后勤工作；另一方面，不断提高人口素质，有意识地宣传参与体育的益处，使其深入人心，使农民能够积极、主动地参与体育锻炼。只有这样，才能使农村体育的发展与促进体育强国目标的实现协调发展。

（四）根除制约农村体育发展的顽疾

影响农村体育发展的因素可以大致归纳为以下方面。

①人力资源，主要是指农村体育管理者和农村社会体育指导员。针对这一资源应积极培养和培训农村体育管理者等体育骨干，在人员的选择上尽量选择本地区农民，究其原因，主要是由于他们对所生活的环境和人员较为熟悉，便于开展工作，且工作的预期效果好。

②财力资源，主要是指资金的投入。资金的投入会对农村体育的开展和发展产生一定的影响，为此，在宏观上应调整产业结构，引入市场机制，从而使农村体育资金的可持续发展得到保证。在微观上应鼓励农民通过体育表演等形式，在传播体育精神、活动的基础上增加资金收入，以便有更多的资金投入体育活动的开展。

③物质资源，主要是指体育场地设施。农民健身工程的实施能够使农村体育场地设施不足的状况得到一定的缓解，但并没有从根本上解决场地设施的问题。为此，可以借助利用和开放现有体育资源，如学校、社区、企业的运动场地和设施，有效缓解农村体育场地设施不足的问题。

④农民体育生活方式，主要是指余暇时间和农民体育价值观。农民的余暇时间具有季节性的特点。鉴于此，可以在余暇时间开展民族传统体育活动，开发改进新兴体育活动项目，使农民的不同需求都尽可能地得到满足。体育意识决定体

育行为。当前，农民对体育的价值认同度不断提高，逐渐意识到体育锻炼对人的价值，但还存在着一些问题亟待解决。为此，可以通过宣传等手段提高农民对体育锻炼的认同感，或者通过建立和完善体育活动相关的保障体系，使农民对体育价值的认识有进一步的提升。

综上所述，可以通过了解各影响因素对农村体育的制约方式和影响程度，针对性地寻求解决对策，从而能够提出农村体育革新的更好方案，根除制约我国农村体育发展的顽疾。

第六章 体育强国实现路径之竞技体育建设

　　竞技体育建设是体育强国实现路径中的核心环节。本章阐述了竞技体育的相关理论知识，对当前竞技体育发展的现状和出现的问题进行全面剖析，并指出体育强国建设和竞技体育两者之间的关系，进而探索竞技体育在体育强国建设中的路径，不断提升我国竞技体育的综合实力和水平，为体育强国的建设贡献重要力量。

第一节 竞技体育概述

作为体育亚文化的重要内容，发展至今，竞技体育可谓影响深远，一个国家的竞技体育水平在很大程度上代表着这个国家的体育实力，可以说竞技体育不仅是一个国家重要的体育文化内容，同时也是体育文化发展的核心内容。如今，世界上各个国家都非常重视竞技体育的发展。在"体育强国"战略背景下，我国竞技体育的发展迎来了良好的机遇，同时面临着严峻的挑战。要想进一步推动我国竞技体育的发展就需要紧跟时代发展的潮流，迎难而上，认清我国竞技体育发展的形势，先发展优势项目，以优势项目带动其他弱势项目的发展，这对于我国"体育强国"战略的实现具有重要的意义。

一、竞技体育的概念

伴随着体育运动的逐步发展，竞技体育日益占据着世界体育的主流地位，在世界体育运动中扮演着非常重要的角色。发展至今，竞技体育的内容不断丰富和完善，其内涵也越来越深刻，竞技体育深深渗透进社会的各个领域和角落，渗透进人们的日常生活中，对人类社会的发展产生重要的影响。

关于竞技体育的研究，不同学者持有不同的看法和见解，以下列举一些具有代表性的观点。

学者李龙和陈中林认为，竞技体育的内涵丰富，通过参加竞技体育运动，参与者的身心能够获得良好的发展，同时其世界观、人生观与价值观也能得到很好的培养。除此之外，竞技体育的价值还突出体现在以下三个方面：第一，竞技体育能促进人与自然的和谐发展，实现人与自然的同进步共发展，同时还能促进时间与空间的相互协调；第二，竞技体育能消除利益冲突，促进人际关系的和谐与完善；第三，竞技体育能构建一个良好的国际社会关系，提升本国竞技体育的影响力。

学者曾志刚和彭勇认为，竞技体育的发展对于人类社会及各个层面的发展都具有重要的意义和作用。竞技体育自身所散发的独有的魅力，对于社会的精神文明建设具有非常大的帮助。竞技体育中还蕴含着深刻的人本主义思想，这也是促使其成为大众文化的重要原因所在。

学者白晋湘认为，与西方竞技体育相比，我国的民族传统体育主张修身养性，体育运动的竞争性被大大削弱；而西方竞技体育则强调力量、速度，富有刺激性和趣味性，对人们具有较强的吸引力。但是，竞技体育在运动过程中容易出现一些暴力现象，如在足球比赛中就经常会出现一些暴力冲突局面。

学者李秀认为，我国民族传统体育主张"中庸""中和""和谐"，这与我国的传统价值观念是相符的，久而久之就形成"养生化"的价值体系。而西方竞技体育则追求力量与素质，追求肌肉美的线条，追求体格的健壮，这与我国的民族传统体育形成鲜明的对比。

学者邱江涛和熊焰认为，发展至今，竞技体育已占据世界体育的主流地位，对其他国家的体育文化产生了重大的影响，竞技体育文化已发展成为当今世界的主流文化。

学者张恩和李龙认为，西方竞技体育追求力量、速度、身体美等的展示，而我国民族传统体育向世人传播的是一种礼仪文化、健身文化和道德文化，起着一种感化教育的作用，与西方竞技体育有着明显的差异。

综上所述，与我国的传统体育文化不同，西方竞技体育主要包含了参与竞技的人自身的和谐、人与自然的和谐、人与人的和谐和国际关系的和谐等内容，其价值、意义符合现代社会发展趋势，另外它还主张公平、公正等原则，主张拼搏进取的精神，这些又与我国传统体育文化的精神不谋而合。

二、竞技体育的特征

伴随着现代社会的不断发展，竞技体育也以前所未有的速度发展着。如今竞技体育的影响可谓深入社会的各个领域和层面，对人们的日常生活产生重大的影响。竞技体育之所以发展得如此迅速，与其自身具有的鲜明的特征是分不开的。具体而言，竞技体育的特征主要体现在以下方面。

（一）多种角色带来的多样性特征

人在社会上扮演着各种不同的角色，在竞技体育领域同样如此。教练员、运动员、指导员、后勤工作者等都是竞技体育领域的重要角色，在竞技体育的发展中都发挥着重要的作用。这些角色之间并不是孤立的，而是存在着相互配合、密切合作的关系，正是在这样的互动与交流下，竞技体育才获得了健康快速的发展。在竞技体育领域，不同角色参与活动的目的也各不相同。例如，体育赛事爱好者欣赏体育赛事的主要目的在于追求精神方面的享受，在于获得心理愉悦感，而体育赛事组织者参与体育赛事活动的主要目的则在于获得一定的经济利益和社会效益。正因如此，竞技体育呈现显著的多样性特征。

（二）主体不同带来的选择性特征

竞技体育具有丰富的内涵，伴随着时代的不断发展，其内涵必将更加丰富完善。竞技体育中有不同的主体，不同主体的选择也是不同的。一般情况下，主体的选择主要受各种客观因素的影响，如高尔夫、马术、赛车等运动对人的技术要求较高，同时还要求其必须具备雄厚的资金实力，否则就难以长期参加这类运动，因此普通人很难参加这类运动，只有资金实力雄厚的专业人士才能参与。这就是竞技体育中不同主体所带来的选择性特征。

对于从事竞技体育的专业运动员而言，他们的各种选择具有高度的专门性，这与普通人参与的体育运动呈现鲜明的对比，这些专业的运动员大都具备高超的技术水平。另外，不同的运动主体参加某一项运动时的活动方式也是不同的。例如，篮球运动员参加篮球这一项运动主要是出于职业的需要，注重篮球这一项目的竞技性特征，每天都会参加必要的运动训练，而一般的篮球爱好者参加篮球运动的主要目的在于健身与娱乐，注重篮球这一运动项目的健身性和娱乐性，对于运动技术及运动成绩则不做过多的要求。由此可见，竞技体育本身具有显著的选择性特征。

（三）体育赛事带来的规则性特征

规则性也是竞技体育的一个非常显著的特征，如果没有了这一特征，竞技体育就难以获得发展。在各种体育比赛中都存在着既定的比赛规则，无论是运动员还是赛事组织人员都要遵循既定的规则行事，否则就要受到规则的惩罚。例如，作为一名羽毛球运动员，必须深刻地理解羽毛球的比赛规则，按照既定的比赛规则参与比赛，否则不仅难以获得比赛的胜利，甚至还会被判罚犯规，受到规则的惩罚。

（四）不同主体相互交流产生的互动性特征

发展到现在，体育文化的内容越来越丰富和完善，可以说目前已经形成较为完善的体育文化体系。体育文化之所以获得了如此迅速的发展，其中一个非常重要的原因就在于体育文化体系中各个要素之间的共同互动，正是在这些要素的互动与交流下，体育文化才得以形成与发展。对于竞技体育而言也是如此。竞技体育中存在着教练员、运动员、观众、后勤工作人员、赛事组织者、电视转播人员等多个主体，这些主体之间并不是孤立的，而是存在着各种互动与交流,正是在这样的情况下,体育赛事活动才得以顺利进行。体育赛事中的每一个主体由于立场不同,难免会存在一定的分歧,如运动员可能会与裁判员发生一定的冲突,也可能会与观众产生一定的矛盾,这些现象在体育比赛中都是普遍存在的。针对这类情况,体育赛事组织者要事先制定针对性的措施和手段加以应对,保证各项体育赛事活动的顺利进行。

除此之外,有一部分体育项目彼此之间存在着较大的相似性,如乒乓球与网球、篮球与橄榄球等,通过研究发现,这些项目之间也存在着一定的互动性,正是在这些因素的影响与推动下,体育文化才得以持续发展。

(五)竞技体育发展的渐进性特征

伴随着时代的不断发展,竞技体育也以前所未有的速度发展着,如今竞技体育已渗透进社会各个领域,对整个社会产生了重大的影响。竞技体育的发展在一段时期内保持着一定的稳定性,但从长远来看,这一稳定性也存在着一定的变数,主要表现为其呈现渐进性向前发展的状态。渐进性可以说是竞技体育文化的一个重要特征。

竞技体育项目非常多,体育爱好者可以依据自己的喜好自由选择这些体育项目,但需要注意的是,这一选择呈现明显的渐进性特征。对于职业运动员来讲也是如此。比如短距离赛跑、游泳比赛中运动衣的选择会在一定程度上影响运动员的竞技水平和比赛成绩,这些都体现出竞技体育的渐进性特征。

(六)不同主体表现出的功利性特征

竞技体育中存在着多个主体,这些主体所从事的各种活动都呈现明显的功利性特征。例如,对于运动员而言,获得优异的比赛成绩不仅能使其获得心理满足感和自豪感,还能获得一定的物质奖励。可以说,某种程度上而言,运动员的功利性主要表现在自我价值的实现和生存手段的选择两个方面。

在竞技体育中,运动员为追求一定的利益总会表现出一定的功利性,如为获得优异的比赛成绩和丰厚的奖金而努力拼搏,这就是功利性特征的体现。需要注意的是,在竞技体育中,不同的活动主体表现出不同的功利性。例如,运动员参加体育运动训练主要是为了提高自己的竞技水平,为取得优异的比赛成绩奠定基础,而一般的运动爱好者参加体育锻炼的主要目的则在于健身锻炼和休闲娱乐,二者所表现出的功利性是不同的。

不同的运动主体参加同一种运动项目有着不同的功利性,而同一个运动项目有时也会呈现不同的功利性特征。例如，南美足球的风格自由奔放，追求个人技术的展现，而欧洲足球则主张纪律性和团队配合性，在这一方面，二者呈现较为明显的差异，这些都是竞技体育不同功利性特征的深刻体现。

三、竞技体育的价值

（一）竞技体育能培养人们良好的规则意识

俗话说"无规矩不成方圆"，在竞技体育领域，各项体育赛事的举办都要有既定的比赛规则，只有在这些规则的保证下，体育赛事才能顺利地进行，否则就会出现无序和混乱的局面。因此，体育赛事的组织者一定要结合体育比赛的性质制定合理的比赛规则，参与此项赛事的所有人员都要严格遵守这些规则和制度，这样才能保证整个体育赛事活动的顺利开展。

（二）竞技体育能培养人们公平竞争的意识

竞技体育的比赛规则对于每一名运动员而言都是公平的，在体育赛事制度面前，所有运动员也都是公平和平等的，如果存在着尺度不一的情况，整项体育赛事活动就难以顺利地进行，由此可见，竞赛规则对于体育赛事的重要意义。

运动员在比赛中要参与正当的竞争，不能表现出不正当竞争行为，否则不仅会受到赛事组委会的惩罚，甚至还会对个人的前途产生一定的影响。

（三）竞技体育能培养人们强烈的竞争观念

伴随着时代的不断发展，西方竞技体育越来越占据着世界体育的主流地位，这对于我国的民族传统体育形成了强烈的冲击。与我国的民族传统体育相比，竞技体育的竞争性比较强烈，这对于我国社会中的竞争意识也产生了非常重要的影响。

受历史传统、地域环境、民风民俗等客观因素的影响，长久以来我国推崇"仁爱"原则，注重以和为贵，使我国传统体育观念更讲究修身养性和技艺的切磋，缺乏强烈的竞争意识。在新的时代背景下，我国传统体育文化面临着西方竞技体育强烈的挑战，我们在看到这一挑战的同时也应看到我国体育文化发展的潜力，为加强我国体育文化与西方竞技体育文化之间的竞争，应充分将竞争意识贯彻进竞技体育的发展中。

(四)竞技体育能培养人们良好的国际化观念

竞技体育文化的内涵丰富,其中一个突出的内涵体现在竞技体育是一门共同的语言,对于所有的参与者而言,它没有国界之分,是人类共有的一种文化形式。人们通过参加各项体育比赛增进彼此间的沟通与交流,实现共同发展的目标。因此说,经常参加国际性竞技体育比赛活动不仅能培养人们良好的国际化观念,还能促进世界的和平与发展。

竞技体育强调公正、公平的竞争意识,这对于各个国家都产生重大的影响。通过这一观念,世界各国人民能以积极的心态投入各项事业之中,从而实现健康发展。同时,这一国际化观念对于我国传统体育文化的发展也产生了重要的影响。在当今"一带一路"倡议下,建立这样的国际化观念对于我国加强与其他国家或地区之间的交流与合作具有非常重要的作用,对于我国体育文化的对外传播与交流也必将产生重大的影响。

(五)竞技体育能培养人们良好的思想道德

在竞技体育比赛中,运动员除了要具备良好的技术素质,还必须有良好的心理素质和精神面貌,这一点非常重要。良好的心理素质和精神面貌往往能形成强大的战斗力,在体育比赛中以弱胜强的例子比比皆是,这与运动员强大的精神意志是分不开的。因此,有必要对运动员进行一定的爱国主义教育和思想道德素质教育。

在平时的运动训练和竞技体育比赛中,运动员只有具备不屈不挠、团结奋斗的集体主义精神,以及为国争光、为民族争气的爱国主义精神才能有利于比赛的发挥,这些精神与道德品质对于社会各个行业而言也具有非常重要的引领与促进作用。

(六)竞技体育能培养人们正确的娱乐思想

我国的体育文化丰富多彩,具有深厚的历史底蕴和鲜明的民族特色。这种文化不仅体现在传统体育项目上,也体现在现代体育竞技中,同时,它也反映了我国人民对体育的理解和追求。我国的体育文化也非常注重培养人们的道德品质和人文精神。在体育活动中,人们可以学习到公平竞争、团队协作、尊重他人等价值观,这些价值观对于个人的成长和社会的和谐稳定具有重要意义。此外,体育活动也可以成为人们休闲娱乐、放松身心的重要方式,有助于提高人民的生活质量。

如今西方竞技体育占据着世界体育的主流,其中有很多项目来自西方传统体育游戏，有着较强的娱乐性和趣味性，对人们的吸引力较大。人们在参加这些体育活动的过程中能获得极大的心理满足感，同时放松身心，获得身体上和精神上的双重满足感。因此可以说，竞技体育具有培养人们正确娱乐思想的重要价值。

四、竞技体育的制度

（一）我国竞技体育制度建设背景

近年来，中国奥运军团在夏季奥运会上的优秀表现赢得了世界体坛的尊重，引发国内观众对民族自信和自豪感的强烈共鸣。其中，在2008年北京奥运会上夺取金牌总数第一，为无与伦比的北京奥运会锦上添花；在2012年伦敦奥运会上中国代表团取得了境外参赛最好成绩，获得38金、27银、22铜，打破6项世界纪录和6项奥运会纪录，在11个大项上获得金牌。在冬季奥运会方面，从1980年首次派团参加美国普莱西湖第13届冬季奥运会到1988年的加拿大卡尔加里第15届冬季奥运会，中国同世界先进水平相差巨大，无一人能够进入前10名。直到2010年加拿大温哥华第21届冬季奥运会上中国军团开始扬眉吐气，步履铿锵地踏着催促中国冬季项目发展的鼓点。由此可见，为实现体育强国建设，我国应当逐步完善备战奥运会制度创新体系和落实保障机制，创新管理方式，采取多措并举，制度理念上锁定要在奥运会上夺取优异成绩的目标矢志不渝。同时，优化配置助推竞技体育较快发展的资源优势和人才优势，动员、激励和凝聚我国竞技体育发展的内驱动力，铸造奥运争光战略的支撑基石。为国争光矢志不渝，团结协作同舟共济，顽强拼搏一往无前的中华体育精神，不仅成为中国体育健儿的精神命脉而且还成为激励和鼓舞中华儿女自强不息、战胜自我、超越自我的不竭动力，成为实现中华民族伟大复兴中每个人的梦、体育强国梦和中国梦的精神寄托。

在全面建设社会主义现代化国家、实现中华民族伟大复兴的中国梦的新征程上，中国体育为彰显国家富强屡创辉煌，为展现民族振兴策马扬鞭，为造福人民奠定基础。竞技体育制度理念始终把握好积极进取导向，准确设定诚实守信坐标，精准灌输规则至上思想，努力营造团结友爱氛围，为全民健身运动、竞技体育和体育产业发展的升级提供制度支撑。

《奥林匹克2020议程》彰显了国际奥委会在制度设计层面有针对性地对申办奥运会进行改进，对组织和管理奥林匹克运动进行改革，对运动员保护进行完善，对奥林匹克运动推广进行创新，对市场开发进行拓展，对国际奥委会组织结构进行优化等举措。这些对北京筹备和举办2022年冬季奥运会产生了深刻影响。

现代奥运会的变革最具代表性的就是奥运项目的设置。2016年6月1日,国际奥委会执委会表明支持空手道、滑板、竞技攀岩、冲浪和棒垒球五项运动进入2020年东京奥运竞赛项目的态度。北京时间8月4日凌晨,在里约热内卢举行的国际奥委会第129次全会上决议表决通过将竞技攀岩、空手道、滑板、冲浪和棒垒球等五项运动一起纳入2020年东京奥运会的正式竞赛项目。受到青少年追捧和喜爱的这五项运动都属于极具娱乐性与追求个性的时尚运动,是更快、更高、更强的奥运精神与时尚精神相交相融的体现。

我国竞技体育在奥运会上创造的辉煌载入史册的同时,自身的不足也映入眼帘。优势项目提升空间上方的天花板充分显示,要想继续保持优势,就必须攻坚克难,用体育制度持续发力以打造中国竞技体育特色,继续创新加固优势项目的发展轨道,培育竞技体育各门类根深叶茂的沃土,增强其可持续发展的动力,打造中国竞技体育的核心竞争力。多年谋篇布局的实践,使具有潜在优势的部分初露锋芒,但仍有部分项目起色欠佳,运动项目和人才支撑与设想的差距较大,后发优势和潜力的发掘都需要制度发威。

立足我国竞技体育现状可以看出,田径、游泳等基础大项尽管在世界大赛中出现过重大进步和突破,但稳定性差也暴露了离完成奥运会任务还要付出艰苦的努力。当前我国应把握好国际竞技体育发展的新趋势,总结好经验教训,在努力探索竞技体育各个项目的发展规律上格物致知,用体育制度补齐基础项目的短板,使田径与游泳等项目也进入中国竞技体育的优势项目之列;用体育制度引领"三大球"落地生根,缩小与世界先进水平的差距应是大势所趋,因势而谋搞好"三大球"职业化建设,为仰望星空蓄能,为脚踏实地奠基;应势而动夯实"三大球"的群众基础,既点燃高水平竞赛一团火,又播撒基层"三大球"活动满天星;顺势而为浇灌校园"三大球"的花朵,不仅为"三大球"固本培元,而且为高层次发展加固人才链。

只有抓住创新驱动的牛鼻子,才能彻底改变竞技体育粗放式的发展方式。要清楚地认识到,依靠扩大投入难以维系,依靠规模带动缺乏底气,依靠制度保障的前提是体育制度本身就要改革创新。在供给侧结构性改革中不仅要探索构筑政府、体育行政部门掌好舵,各有关部门、社会力量以及个体划好桨的模式,还要拓宽适宜走职业化道路的运动项目的发展路径。

夯实竞技体育发展基础,在体制上加固后备人才常态化培养、合理化配备、制度化运行,在机制上从严管理,注重抓早抓小抓平时,才能应对重重困难和各种冲击,才能展现出对影响和制约我国竞技体育发展的体制性和机制性矛盾和问题迎难而上的姿态。要用制度引导坚持完善举国体制。平心而论，举国体制最核心的要义是体现"全"。举全国之力发展体育事业，充分说明中国体育在党、国家和人民心目中有地位、有希冀、有尊重。需要承认的是，当前我国竞技体育在"全"的内涵方面有短板需要补齐，无论在训练体制的设计还是竞赛制度的安排上，无论在顶层设计运动员管理制度还是构建后备人才培养体系上，都与真正举起全国之力有一定的差距。只有真正把以往单一主体的掌舵又划桨转化为政府、体育行政部门掌好舵，各协同部门、社会力量与个体齐心协力划好桨，才能真正建成更好的举国体制。

（二）竞技体育制度的理念

竞技体育制度理念是竞技体育制度规则的导航仪，不仅为竞技体育价值导向设定坐标，还为实现竞技体育目标定好位。

1. 竞技体育制度规则的价值判断

无论从引领中国竞技体育攀登世界体育之巅还是引导示范全民健身运动的蓬勃发展来看，竞技体育的切入点与落脚点都应该高度一致，即都应以人民为中心，充分满足人民群众多层次的体育需求。竞技体育发展有规律可循，不仅在于竞技体育自身的特点，而且在于国际体育治理的发展已经用体育制度把奥运村与地球村融合贯通，建立有中国特色的奥运发展战略是中国竞技体育有所作为的必然选择。要想登上世界竞技体育之巅，不仅要科学谋篇布局，更要突出打造特色；不仅需要坚固的人才链，更不可缺少制度创新；不仅要凸显结构优化，更要统筹均衡发展。为竞技体育发展开凿改革创新动力源泉，在准确把握运动项目发展趋势的同时，调整运动项目发展方式，优化运动项目组织结构，提升运动项目发展效益，开辟突出竞技体育供给侧结构性改革的新道路。无论是指导优势项目创新还是引领潜在优势项目突破，无论是为可持续发展挖潜还是运动项目结构的优化组合，无论是基础项目突围还是"三大球"项目"雄起"，都是竞技体育制度规则创新必须关注的内容。要用竞技体育制度理念引导项目布局与结构调整，拆除既得利益的藩篱；要用竞技体育制度规则强化训练创新与理论建设，不仅要涉猎世界竞技体育前沿阵地而且要牢牢站稳脚跟；要用竞技体育制度对象覆盖专业队伍建设与职业体育发展，夯实竞技体育的群众发展基础；要用竞技体育制度绩效检验人才培养水平与核心竞争力的提高程度，统筹协调区域竞技体育可持续发展。

2. 竞技体育制度规则的目标定位

竞技体育制度规则的目标是，进一步完善中国特色竞技体育发展模式，围绕中心服务大局助力实现我国经济社会发展的"第二个一百年"奋斗目标。世界竞技体育发展规律为制定竞技体育制度规则设定了坐标，建立完善更加开放的现代竞技体育管理体制是大势所趋；世界竞技体育发展趋势促使体育制度规则内涵更新，建立充满活力的现代竞技体育运行机制是应有之义。我国应充分利用竞技体育制度优势，以营造结构更加优化、效益显著提高、各门类均衡发展、国际体育话语权增强的中国竞技体育新局面。

（三）竞技体育制度的要素

1. 在国际大赛、办赛上取得优异成绩是核心

举办巴西里约热内卢第 31 届夏季奥运会的 2016 年恰恰是我国"十三五"规划的开局之年，举办日本东京第 32 届夏季奥运会的 2021 年是我国实现第一个百年奋斗目标的一年。在具有历史意义的时刻能够圆满完成奥运会的参赛任务，对中国竞技体育发展来说意义重大。要在世界高水平竞技体育舞台上保持先进水平，既要努力争取优势项目扩容，又要迫切促使潜优势项目突围。加速提升基础项目实力的意义在于提高综合竞争力，在努力缩小集体球类项目与世界先进水平的差距的过程中为实现个别项目突破提供后援力量。

2. 突出重点、各门类均衡发展是关键

在把握好竞技体育发展规律的基础上，应当综合评估项目发展潜力和价值，达到突出重点导向、优化结构举措、提高效益的目的。具体来说，应保持优势项目势头的递增，遏制个别项目的颓势，加快潜优势项目突破瓶颈的步伐，助推基础项目和集体球类项目水平稳步提升。在优化结构举措落实中补齐国内区域间竞技体育发展差距短板，鼓励各省（区、市）因地制宜差异性发展。在达到提高效益目的的过程中实现奥运会项目与非奥运会项目的齐头并进，以夯实中国竞技体育根基。使夏季奥运会项目与冬季奥运会项目同频共振，有利于全面提升中国竞技体育竞争力；促进优势与潜优势项目实力提升，旨在保持中国竞技体育走在世界前列的势头不减；明确基础项目及集体球类项目协调发展在于补齐中国竞技体育的明显短板，加快落后项目追平、赶超优势项目的步伐。要保持竞技体育根深叶茂，就要保持竞技体育与全民健身同向同行，保证竞技体育水平提高与项目普及相得益彰，把运动项目推广落地生根。只有基础实力节节攀升才能保障核心竞争力提升，只有调整竞技体育项目发展结构才能见到实效，才能做到无论竞技体育如何变化都会了然于胸、从容应对，打破中国竞技体育"夏强冬弱"的局面，使夏季项目和冬季项目协调、均衡、优化发展。用制度引领体育人才培养，打好

竞技体育人才的基础。只有保持并适度扩大发展规模，夯实人才基础，使增容注册运动员人数与扩容业余训练队伍双管齐下，才能真正为全面构筑基础扎实、发展均衡、核心表现突出的竞技体育新格局奠定基础。

中国竞技体育在世界体坛保持领先的时长在很大程度上是由转变竞技体育发展方式的速度与成效决定的。节奏把握得好，时机就抓得准；速度提高得快，就能下好先手棋，抢占制高点。这是应对国际竞技体育深刻变化的必然选择。此外，更多国家和地区政府高度重视奥运会也助推了国际竞技体育水平攀高，竞争激烈程度攀升。如果把握不住发展趋势，对接不准训练管理的新思维、新潮流，就会在训练理念、方法上落伍，在管理举措上落后。由于在奥运会备战期间许多项目规则会发生重大的改变，深刻影响了训练和参赛的规律，所以深入细致的对策研究和针对性强的实战训练都要到位，否则关键性失误在所难免、水平发挥失常频频出现。各国竞技体育发展要承受来自外部的巨大压力是竞技体育激烈竞争的必然。竞技体育规则的快速演变既要考量商业化的需求，又要满足观众一饱眼福的需求，对各国竞技体育带来的影响则一直处于变化和适应的动态过程之中。为此，需要结合中国国情、体情，做到沉着应对和随机应变，努力实现跟跑到并跑再到领跑的突破，主动作为，以实现中国竞技体育的升级来赢得新优势。尽管我国竞技体育近年来成绩喜人，但长期形成的结构性矛盾和粗放型增长方式有较大的改革提升空间，有必要通过中国竞技体育发展动力的串联形成众人拾柴火焰高的态势。通过多元主体的强力打造和发展模式的改革创新，采取加固拉长竞技体育人才链等举措提升中国竞技体育核心竞争力。

优化结构旨在增强后劲，进一步提高竞技体育的综合实力。为此，需要补齐短板，以提高竞技体育的质量和效益。在供给侧结构性改革方面，要调结构，就要调整全国各类综合性体育运动会的设项与规模。带着强烈的问题意识，丰富运动项目发展理论，更新运动项目训练理念，强化运动项目技战术创新，提升运动项目组织管理的科学化水平。

提升政府满足公共体育需求的能力，统筹国内区域间竞技体育协调发展。以破解区域间竞技体育发展水平参差不齐的现状，提高竞技体育调结构的底气；以统筹奥运项目与非奥运项目齐头并进，增强竞技体育转变发展方式的实力；以协调发展冬季项目与夏季项目，打造中国竞技体育核心竞争力。只有弥补了优势项目与基础和球类项目之间发展水平的差距，中国竞技体育长盛不衰才有底气。

为优化资源配置设计合理布局，为改善训练竞赛基础设施创造条件，全国运动训练基地的内涵建设要全面升级。以科学训练提升成绩，用科学研究增强实力，用良好教育保障运动员科学训练。

要实现竞技体育治理体系和治理能力现代化,就要充分发挥国内综合性运动会的导航作用,运用好单项比赛竞赛组织与管理办法的指挥棒,充分利用体育竞赛的杠杆,不仅要推动组织重大比赛的能力和水平提升,更要在改革创新训练体制上见成效,在树立正确的竞赛制度导向上见实绩。丰富运动员管理制度人文关怀内涵,加固竞技体育后备人才培养链。设计并构建与训练紧密结合、相互促进的赛事体制,以拓展竞技体育丰富人民群众精神文化生活、促进社会和谐发展的功能。

3. 竞技体育人才队伍建设是保障

以尊重劳动、尊重知识、尊重人才、尊重创造的方针指导体育人才队伍建设,全面构筑"人才强体"战略的立交桥。抓好体育高层次人才的培养,增强中国竞技体育的核心竞争力;抓好体育高技能人才的培养,提升中国竞技体育攀登世界体育高峰的实力;抓好各类体育人才队伍建设,提高中国竞技体育的威力。使中国竞技体育在全球体育事务中具有较大影响力的是亲和力,使中国竞技体育赢得更多话语权的是实力。在国际体坛上讲信誉能展示风采,敢担当能彰显勇气,负责任能体现担当,有作为能代表贡献。要摒弃你输我赢、零和博弈的旧观念,在中华民族同其他民族的体育交往中,弘扬以和平合作、开放包容、互学互鉴、互利共赢为特征的丝绸之路精神。要建设好精干高效的队伍,搭建国际体育交流平台,在国际体育组织中展示形象,把体育工作人员的忠诚、才干与风采嵌入提升中国体育国际地位的全过程。改革创新体育人才培养体制,为人才成长开拓更大空间,创造人尽其才的大好局面。要打好竞技体育基础就要夯实人才根基,从娃娃抓起,从基层干起,从基础打起,从群众参与做起。在为中国竞技体育固本培元方面强调筑牢人才培养链的基础性,在为竞技体育谋篇布局方面强调加长人才培养链的战略性,在探索竞技体育兴衰成败的规律方面强调加固人才培养链的决定性。

4. 对竞技体育体制机制的改革是动力

如果建设竞技体育强国仅靠政府单方发力,就会形成不全面、不完善、后劲不足的竞技体育;如果体育行政部门一手把舵又一手划桨,就会有很多旁观者有力用不上。如何在发展竞技体育的过程中充分凝聚全社会的力量是新形势下的必选题,全民参与、凝心聚力和全面发展补齐短板才是最佳答案。要做到对竞技体育发展内在规律了如指掌、构建科学有效的体育治理体系、全面提升体育治理能力,就要厘清政府的职责,牢固树立"放管服"的改革思维,引领竞技体育发展到位；就要充分发挥市场配置资源的决定性作用；就要凝聚社会力量营造"环境良好"的"生态园"。不仅要体现构建现代竞技体育制度体系的科学，而且要实现竞技体育管理运行机制的高效。抓牢运动项目管理体制改革，彻底改变国家级运动项目管理中心的全能身份，为充分发挥多元主体的作用而共谋发展，创造全国性单项体育协会与政府、社会和市场抱团取暖的新型竞技体育发展格局。引导运动员走好职业化道路，鼓励教练员提升职业化水平，激励相关专业技术人员探索职业化发展，以提高引领全民健身的能力，助推竞技体育体制机制改革。

5. 发展有中国特色的职业体育是方向

职业体育是商业体育的代名词，是一种追求竞技比赛票房价值、以商业牟利为目的的竞技体育活动。职业体育在西方国家兴旺发达，带动了竞技体育、群众体育、体育产业的均衡发展。例如，受英国、美国、加拿大、澳大利亚、新西兰等国家青睐的橄榄球，盛行于美国、日本并被称为"国球"的棒球，被誉为"世界第一运动"的足球，被称为世界第二大球类运动的网球，被视为全球最吸金体育运动项目之一的篮球，"运动之母"田径运动，以及将运动与时尚完美交融的赛马等项目，都不乏职业体育俱乐部的运作。职业球队的辉煌业绩已载入史册，职业运动员的爱好者遍布全球，这些都在不同程度地提高群众体育的渗透力、竞技体育的生命力、体育产业的影响力和体育文化的凝聚力。中国足球率先踏上职业化的破冰之旅起到了示范带动作用，篮球和乒乓球等项目也纷纷效仿，使中国竞技体育逐渐发展起来；体育项目实体化填补项目协会空心化，使俱乐部体制名实相符；社会资本的青睐与体育职业联赛市场的规模化，逐步支撑着职业运动的初步繁荣。运动项目走职业化发展道路，不仅助推中国体育经营市场的发育成熟，又使自身融入体育产业结构优化的循环之中，将以往的"输血"改变为"造血"。职业体育的活力与潜质的挖掘与激活，十分有利于调整竞技体育核心竞争力的元素结构，满足人民群众对全民健身运动多层次的需求，导航体育产业的发展，丰富体育产业链上游的内涵，成为体育强国建设的重要支撑点。国家体育行政部门要充分发挥制度引领、规范管理与监督保障等作用，早日建成政策制度完善、管理有效规范、条件公平公正、市场公开选择、竞争井然有序的中国特色职业体育管理体制和运行机制。

（四）竞技体育制度的实现形式

1. 坚持完善举国体制，完备奥运战略

当前，我国要想制定竞技体育制度，就要增强忧患意识、未雨绸缪，坚持完善举国体制。竞技体育中的举国体制就是在坚守国家利益的前提下聚焦奥林匹克运动最高目标，汇聚所有体育资源，凝结一切体育力量，构建夺取国际体育竞赛最好成绩的组织体系和运行机制。在建设体育强国、健康中国的进程中，无论是从顶层设计备战奥运会，还是提升中国竞技体育的核心竞争力，坚持完善举国体制不仅要强化问题意识，还要精心解题。

坚持完善举国体制，在竞技体育发展的目标设计上，既要为国争光、树立形象，又要以人为本、强国惠民；在竞技体育发展的主体格局上，将政府大包大揽的形象转变为在供给侧和需求侧两端发力。只要发挥社会组织在竞技体育发展中的作用，就能织密竞技体育组织网络，扩大辐射范围；只要充分利用市场组织职能，就能为竞技体育发展筹集资金；只要引导个人积极投入竞技体育实践，就能创造竞技体育"人才济济"的局面。在竞技体育发展运行机制上要改变以往仅仅通过行政指令来配置资源的现象，由政府掌好舵，部门和社会组织划好桨。在竞技体育发展手段运用上打破条块分割的局面，不仅要厘清多元主体的主体责任，而且要在做到履职尽责的同时加强协同配合。对竞技体育发展的统筹协调要高瞻远瞩，方案内容要科学务实，利益调整要公平到位，督促落实要脚踏实地。在竞技体育发展的绩效评定上，既要看在奥运会等重大国际赛事上夺取金牌数量的显性指标，又要看竞技体育与群众体育的内生联动效应，以及从中华体育精神中汲取营养和智慧、延续优秀基因、萃取思想精华、展现精神魅力等隐性指标。政府与体育主管部门在促进竞技体育发展方面要更好地履职尽责，就要切实转变政府职能，做到改革竞技体育体制有真心、创新竞技体育管理方式动真格、优化公共体育服务有真情。各级政府和体育主管部门一定要严格依法行政，切实履行发展竞技体育的职责，该管的事要管好是尽职、管到位是尽责，该放的权要放足就是落实简政放权，放到位就能降低准入门槛，以高效服务竞技体育发展环境的营造。坚决杜绝职能错位、管理越位、担当缺位现象。

描绘建设体育强国蓝图，健全以奥运战略为最高层次的竞技体育发展战略。通过全过程的战略管理，形成科学的决策机制。要把握奥运战略重点，做到心中有数、落实有策、行动有果。

要精心做好重大赛事的备战和组织工作，强化备战工作的组织保障。把握奥运会备战形势，用必胜的信心和决心磨砺出良好的心理状态，大力提高在奥运赛场和重大国际比赛中抗风险、抗骤变的能力；要深入总结往届奥运会备战工作的经验与教训，持之以恒地做好未来各届奥运会备战周期工作的前瞻预判、系统规划和科学设计等工作；练好加强思想政治工作和磨炼意志品质的内功，以淬炼具有中国特色的精神利剑，用内涵丰富的中华体育精神和体育文化软实力滋养壮大竞技体育综合竞争硬实力；长鸣赛风赛纪和反兴奋剂工作的警示灯，坚持无禁区、全覆盖、零容忍的原则，全面提升反兴奋剂工作水平，确保在未来各届奥运会上实现运动成绩与精神文明双丰收的参赛目标；在坚持完善举国体制的实践中，以求真务实的工作作风做好备战奥运会的组织与保障工作。提升奥运会备战工作的组织领导力，谋篇布局步调一致，要形成备战奥运会的新常态，要实现组织管理水平与统筹协调能力双提升，要建立层次分明的体制并上下同心，要落实主体责任到位到人，要明确任务指标到点验收，要周密计划时间表、路线图，要完善措施严防相互掣肘，要保障有力解除后顾之忧，要奖惩严明，要实现运转高效以降低制度成本。

处理好竞技体育关系就像弹钢琴，只有指挥乐队做到统筹兼顾，才能奏响美妙动听的竞技体育交响曲和高亢激昂的建设体育强国的进行曲。要正确处理竞技体育发展中的重大问题，坚持统筹兼顾、综合平衡，补齐短板、缩小差距。这为理顺竞技体育发展关系、拓展竞技体育发展空间、提升竞技体育发展效能提供了根本依据。要真正使协调整体发展与局部发展见成效，就要打好组合拳。要健全完善导向明确的奥运会奖励制度，抓住全运会竞赛制度改革的机遇，建立完善的教练员交流管理制度，在规范有序的基础上实现才尽其用；要健全完善国际大赛参赛运动员选拔制度，以保证公平公正。

为提高训练基地的效用，应建立健全法规制度，为运动员就学就业提供坚强的后盾，促进竞技体育的平衡、包容、可持续发展。强化进取意识、机遇意识、责任意识，把凝聚共识、全国一盘棋的思想融入备战奥运会大协作机制与构建合作平台中，勇于摆脱局部利益、部门利益和地区利益的桎梏，真正从国家整体利益、人民长远需要出发提高发展的系统性，积极鼓励不同区域因地制宜地创造本地区竞技体育发展特色，在坚持重点突出中打造新优势，在高精尖项目的培育上闯出新路子，在挖掘优秀运动员潜质方面展现新套路。以"双赢""共赢"理念引导和激励有能力的地方和单位积极承担国家队训练工作。彻底摆脱"零和"思维，走出各自为政的误区，倡导同舟共济，使竞技体育发展举措在制度取向上相互配合、在实施过程中相互促进、在实际成效上相得益彰，发出共鸣之声、产生共振效应。坚决冲破思想观念的束缚，拆除利益固化的藩篱，拓展发展思路、创新发展模式、提升发展质量，在构筑全国竞技体育一体化方面上下同心，在创新发展竞技体育新特色上目标同向，在补齐竞技体育发展短板上步调一致。强化补短板意识，补短板就是谋长远、促发展，就是要调整项目比例、优化体育结构、增强后发优势、积蓄发展动能。要坚守系统规划、全面发展原则，在补齐竞技体育短板的同时，促进体育工作各领域、各部分的全面发展。既要推动竞技体育的繁荣，又要避免忽视群众体育；既争取奖牌丰硕，又要注重精神文明建设。

2. 稳定规模、优化布局，促进协调发展

定期综合评估竞技体育项目发展潜力和价值，是在不同阶段为竞技体育谋篇布局的必修课。聚焦重点、优化结构、提高效益是提升竞技体育效能的必然要求。竞技体育应高举爱国主义旗帜，努力获得优异成绩，使中华民族扬眉吐气。竞技体育对群众体育的示范引领作用和对体育产业的提升催化作用，以及对体育文化的弘扬作用都在为建设体育强国、健康中国固本强基。打造特色更加明显的优势项目，缩短潜优势项目升格为优势项目的时间，打牢基础项目根基，改变球类项目落后的现状等是竞技体育制度改革的优先任务。

以改革创新国家队管理体制为龙头，实现国家队集训由量的积累到质的飞跃。通过竞争机制实现优胜劣汰，构筑高水平竞技人才的金字塔。

竞技体育制度的对象首先指向与竞技体育息息相关的、已经占据制高点的优势运动项目。在国际奥林匹克大家庭中，中国竞技体育必须具备抗压能力、应变能力和创新能力。优势项目要历久弥坚，就要做到格物致知、加强理论建设、系统总结经验教训。要努力做到训练理论充满特色、训练观念与时俱进、训练方法别具一格、组织管理协调一致，将社会主义核心价值观注入项目团队建设命脉，为构建规范的人才培养模式立起四梁八柱。要树立体育大国的形象，在保持国际领先地位中争取主动，赢得更多话语权，在内强素质方面大力推广优势项目发展的成功经验，为其他项目的发展提供借鉴。

在制度和改革的关系结构中把制度建设摆在突出位置，以制度权威凝聚改革的共识和力量。竞技体育制度理念要注重引导变粗放为集约创新，强化智力支持。构建复合型训练管理团队要在探索训练竞赛规律上集思广益，要在构建专项训练理论上群策群力，要在汇聚力量上凝心聚力，要在优化配置资源上齐心协力。

要稳步提高基础项目和集体球类项目的竞技水平，就要做好竞技体育制度对抓基层、打基础工作的引领。要树立好的导向，使学校体育与家庭教育和社区服务对接，形成全覆盖、无盲点的体系，真正把青少年体育活动做好，为体育教育覆盖全生命周期打好基础；把青少年体育赛事活动做成精品，为全民共享筑牢根基；建立活力四射而规范性强、群众基础雄厚且影响面广、发展潜能巨大且辐射面广、社会公认度高且服务效果优的高水平青少年体育俱乐部，为全社会参与提供机遇；建设好各级体育传统项目学校，使其充分发挥示范带动作用，为竞技体育全区域覆盖培植沃土。

当前，我国竞技体育在发展结构和质量上还存在问题，"三大球"项目和田径等基础大项与世界先进水平存在差距。改变"三大球"、基础项目和部分冬季项目面貌需要抓铁有痕的狠劲和踏石留印的韧劲。大力扶持"三大球"、基础项目和部分冬季项目的发展，在升华对它们发展规律认识的前提下，更新观念、创新方法、完善组织。具体来说，就是要完善组织和制度的设计，在竞赛时间安排上发挥引领作用，在人才交流方面发挥疏通作用，在体教结合上发挥固本作用，在褒奖机制上发挥激励作用，在后备人才基地建设上发挥后盾作用。要加快对接国际先进水平的速度，走出去是为将来进奥运村探路，请进来是为蓄势待发敞开胸怀。"三大球"项目要用足用活群众基础较好的优势，在做大做强"三大球"竞赛市场上下功夫，不仅能加快自身发展节奏，更能快速推进融入社会，在提高项目创新创造能力中武装自身；群众基础薄弱的基础项目和部分冬季项目要应势而谋发展、因势而动改革、顺势而为突破，在学会同媒体打交道的过程中加强广泛合作，在与其抱团取暖中深入传播"三大球"项目知识，提升影响力，增强生命力。为使"三大球"、基础项目和部分冬季项目站稳大型赛事平台中央位置，需要凝练运动项目文化特点，梳理运动项目历史沿革，提炼运动项目文化精神，举办运动项目文化推介活动，渲染运动项目文化影响力。

3. 推动从要素驱动向创新驱动的转变

只要把握好竞技体育发展规律就能在前瞻性上占据主动地位，只要掌握好运动项目训练竞赛规律就能在针对性上有的放矢，只要转变竞技体育发展理念就能在根本性上抢占先机，只要完善竞技体育发展方式就能在全面性上谋篇布局，只要提高竞技体育发展质量和效益就能在实效性上经得起检验。

以人民为中心的竞技体育发展思想是创新驱动的根本动力，提高人民参与竞技体育的积极性、主动性、创造性成为推进竞技体育发展的强大驱动力。坚定不移地进行体育社会组织改革，使各级体育总会的职能充分体现出来，使单项体育协会的作用名实相符，使体育社会服务机构功能到位，使体育基金会活力四射，使各类社会体育俱乐部稳定发展，从而在体育事业发展中发挥好主体作用，充分激活各参与主体的创新之念、武装创新之能、支持创新之行。只要做到以理论创新打基础、以制度创新解难题、以科技创新为动力、以文化创新厚底蕴，就能探索竞技体育发展新模式，进一步突出竞技体育创新的主体地位，建立以人为本的复合型训练管理团队体制机制。

要坚持开放，发展竞技体育创新驱动的动力源。开创协同创新先河，构建推进竞技体育发展的命运共同体、利益共同体、责任共同体，开拓社会力量融入竞技体育发展的新道路。

我国竞技体育实力不断提升，运动员的矫健身影展现在世界体育舞台的中央，世界各国在看好我国发展前景的同时，与我国交流合作的意愿也在不断增强，这就意味着我国将肩负更重的国际责任。这为我国加强体育对外交往提供了新的历史机遇，对自身能力进行充实的要求也必然随之提高。尽管借鉴国际竞技体育先进经验可以开阔视野，但只有把国际经验真正运用于中国特色竞技体育发展的实践，将经过去伪存真与去粗取精后制定的发展战略进行有效实施，才能真正提升我国在国际体育事务中的话语权。

第二节 竞技体育发展现状及问题

通过多年的努力，我国的竞技体育获得了不错的发展，取得了喜人的成绩，尤其是在奥运会、亚运会等世界舞台上展现出雄厚的实力，这说明我国的竞技体育正在一个健康的发展轨道上运行着。需要注意的是，目前还存在着一些制约我国竞技体育发展的因素和问题。本节就对此展开具体的研究与分析。

一、竞技体育发展的现状

（一）中国特色竞技体育发展情况

1. 世界体育赛事成绩突出

1959 年，容国团在多特蒙德第 25 届世界乒乓球锦标赛上获得男子单打冠军，这是中华人民共和国运动员获得的第一个世界冠军。改革开放后，我国运动员积极参与国际体育赛事，成绩显著。据统计，从 1978 年我国运动员在世界大赛获得 4 项冠军开始，到 2018 年为止，我国运动员共获得奥运冠军 237 个；获得世界冠军 3 319 个，占中华人民共和国成立以来总数的 99%；创造世界纪录 1 125 次，占中华人民共和国成立以来总数的 86.4%。其中：1978—2000 年，中国运动员获世界冠军 1 392 项，年均获得世界冠军 60.5 个；2001—2017 年获得世界冠军 1 844 项，年均获得世界冠军数量达到 115.25 个。据国家体育总局数据显示，2023 年我国运动员获世界冠军的数量为 165 个。

从 1984 年洛杉矶奥运会重返奥运赛场到 2016 年里约热内卢奥运会的 9 届夏

季奥运会，中国代表团共获得 224 枚金牌、167 枚银牌、155 枚铜牌。2020 年东京奥运会，我国获得 38 金 32 银 19 铜共 89 枚奖牌，位居第二，连续 6 届奥运会跻身金牌榜前三名。

2. 竞技体育人才培养效果提升

改革开放以来，我国竞技体育领域开始实施"人才强体"发展战略，建立了包括运动员、教练员、体育科研人员、管理人员、医务人员等多个群体在内的优秀人才培养体系，体育运动专业人才培养效果大幅提升，人才结构日趋合理。2009—2017 年，运动健将每年超过 5 000 人，国际级运动健将每年超过 700 人，2014 年达到了 854 人。从 2012 年开始，国家体育总局开始实施精英教练员双百培养计划，计划重点培养 100 名专业运动队教练员和 100 名业余训练单位教练员。2023 年，我国体育单招及高校高水平运动队招生报名人数达到了 57 597 人，其中，国际级运动健将有 6 人，运动健将有 891 人，一级运动员有 18 816 人，二级运动员有 37 884 人。

3. 竞技体育后备人才培养模式不断创新

为推进体育强国建设，我国围绕后备人才培养出台了《关于加强竞技体育后备人才培养工作的指导意见》《冬季项目后备人才培养中长期发展规划》《奥运项目竞技体育后备人才培养中长期规划（2014—2024）》等多个指导性文件，创新竞技体育后备人才选拔方式，拓宽后备人才培养渠道，开创体育部门、教育部门、社会力量共同培养后备人才的新格局。2017 年 8 月，国家体育总局开始在攀岩、冲浪、滑板、小轮车四个奥运项目开展跨界跨项选材工作。2020 年 9 月 22 日，国家体育总局副局长李建明在国务院新闻办举行的新闻发布会上表示，今后将变革竞技体育人才的培养理念和方式，将学校作为体育人才培养的基础阵地，各级各类体校要成为当地青少年体育训练中心。

（二）田径运动发展情况

我国历来重视田径运动的发展，在这样的背景下，我国田径运动水平得以迅速提升，在较短的时间内取得了优异的比赛成绩。20 世纪 50 年代，郑凤荣打破了女子跳高世界纪录，刷新了世界纪录。20 世纪 80 年代，男子跳高运动员朱建华两次打破世界纪录；阎红、徐永久获得竞走比赛的冠军。在之后的奥运会比赛中，王军霞（女子长跑）、邢慧娜（女子长跑）、刘翔（男子 110 米栏）、陈跃玲（女子竞走）等都获得过奥运会金牌。尤其是刘翔在 2004 年雅典奥运会上夺得了男子 110 米栏冠军，打破了欧美选手在这一项目上的垄断，实现了为中国乃至整个亚洲争光。陈定在 2012 年伦敦奥运会男子 20 千米竞走比赛中获得金牌,成为继刘翔之后第二个获得奥运会田径比赛项目金牌的中国男子运动员。在 2020 东京奥运会上,我国田径队以 2 金 2 银 1 铜收官,同时刷新了中国队多项奥运会最好成绩。伴随着我国竞技体育的发展,我国田径运动也有着光明的发展前景,相信未来我国必然会涌现出大量高水平的田径运动人才,从而推动我国田径运动的进一步发展。

(三)体操运动发展情况

1. 艺术体操

与国外相比,我国引进艺术体操的时间较晚,最初的发展与其他国家有着一定差距,但通过多年的努力发展,我国艺术体操的竞技水平提升速度非常快,得到世界各国的关注。在全国体育学院艺术体操比赛成功举办之后,艺术体操获得了一定程度的普及和推广。我国在 1981 年首次组建队伍参加世界级艺术体操比赛。在第 3 届四大洲艺术体操锦标赛中,我国获得了团体比赛的亚军。在 2001 年世界大学生运动会艺术体操项目比赛中,我国荣获集体五人项目金牌,这是我国首次在国际大赛中获得艺术体操项目的金牌。

进入 21 世纪后,为促进我国艺术体操的发展,我国特意成立了艺术体操队,通过多年的努力发展,在 2008 年北京奥运会上我国艺术体操获得了集体全能银牌的好成绩。在之后的 2014 年艺术体操世界杯上,中国艺术体操队获得了 1 金 1 银的好成绩,取得了历史性的突破。2020 年,中国艺术体操队获得东京奥运会艺术体操团体赛第四名的好成绩。

2. 竞技体操

我国的竞技体操运动发展时间相对较晚,基础相对而言比较薄弱,但通过多年的努力发展,我国的竞技体操屡次在世界大赛上取得优异成绩,令世人瞩目。进入 20 世纪 80 年代后,我国竞技体操的发展更可谓突飞猛进,进入一个快速发展的时期。

在第 6 届世界杯体操赛上,我国男子体操运动员李宁一人就夺得了 6 枚金牌,创造了世界体坛的伟大奇迹,让世人充分认识到了中国竞技体育运动的发展水平。1983 年,中国体操队在第 22 届世界体操锦标赛上获得团体比赛冠军。1984 年洛杉矶奥运会上中国体操队又夺得 5 枚金牌,让世人牢牢记住了中国体操队。

伴随着中国体操的发展,我国也涌现出大量的体操名将。他们为体操运动技术的革新与发展作出了突出的贡献。在 1985 年的国际体操评分规则中,国际体联第一次使用中国人的名字对新动作进行命名，如"鞍马童非移位""自由体操李月久空翻""双杠李宁大回环""吊环李宁摆上"。2005年，在体操世界锦标赛女子跳马项目中，中国女子体操运动员程菲获得冠军，这使我国在女子体操单项世界冠军的空白得到填补，并且国际体联更将其新的动作命名为"程菲跳"。中国体操队在2008年北京奥运会中获得了男子团体、女子团体、男子个人全能、男子自由体操、男子鞍马、男子吊环、男子单杠、男子双杠及女子高低杠冠军，这也是该届奥运会中国队获得金牌最多的项目。2012年伦敦奥运会，中国体操队获得了4金3银1铜的良好成绩；在2020年东京奥运会上，中国体操队拿到3金3银2铜的成绩。

3. 技巧运动

中国技巧协会于1979年加入国际技巧联合会，并在1993年和1994年连续两届在世界比赛中获得冠军。发展到现在，技巧运动一直都是中国非奥运会项目的优势项目，为我国体育事业的发展作出了突出贡献。值得一提的是，在2022年北京冬季奥运会上，中国运动健将齐广璞为中国队摘得自由式滑雪男子空中技巧金牌；四朝元老徐梦桃取得自由式滑雪女子空中技巧冠军，这也是中国首次获得该项目的奥运金牌。

（四）重竞技运动发展情况

重竞技即按照体重分组别来进行比赛的竞技项目，包括拳击、跆拳道、举重、柔道、摔跤五项。此处重点介绍举重运动、柔道运动和跆拳道运动的发展情况。

举重一直是我国重竞技运动的重点项目，并且具有较大的优势。我国众多的举重运动员屡次打破举重世界纪录，受到世界的瞩目。中国举重队在很长一段时间内居于世界先进水平。

在1984年洛杉矶奥运会上，中国举重队连续获得了4枚金牌，从此进入了世界先进行列。发展到20世纪90年代中期以后，中国举重队的整体水平获得了更进一步的发展。在2004年雅典奥运会上，中国举重队获得了5枚金牌，成为中国体育代表团主要的夺金点。随后，在2008年北京奥运会上，中国队在举重项目上收获8枚金牌；在2012年伦敦奥运会和2016年里约热内卢奥运会上，中国举重队分别夺得5枚金牌；在2020年东京奥运会上，中国举重队收获7枚金牌。

除此之外，跆拳道和柔道的进步也有目共睹，并取得了不错的成绩。1986年，我国柔道女选手高凤莲夺得了世界女子柔道锦标赛72公斤以上级金牌，取得了历史性的突破。我国运动员庄晓严、孙福明、袁华、唐琳在 1992—2000 年的 3 届奥运会上相继获得柔道冠军，并在此之后实现了三连冠。在 2004 年雅典奥运会上，中国柔道队获得了 1 金 1 银 3 铜共 5 枚奖牌的历史最好成绩，这标志着我国柔道项目进入了一个快速发展的时期。在 2008 年的北京奥运会上，中国柔道队获得了 3 金 1 铜共 4 枚奖牌；在 2012 年伦敦奥运会上，中国柔道队获得了 1 金 1 铜共 2 枚奖牌；在 2016 年里约奥运会上，中国柔道队共获得了 2 枚铜牌。

1995 年 8 月，中国跆拳道协会正式成立。1999 年 6 月，加拿大埃特蒙多举办了世界跆拳道锦标赛，我国女子跆拳道运动员王朔获得女子 55 公斤级冠军。2000 年 9 月，陈中在悉尼奥运会上获得了女子 67 公斤以上级冠军，并在 2004 年雅典奥运会中成功卫冕，这也是我国第一位获得奥运会跆拳道项目冠军的运动员。除此之外，罗薇还获得了雅典奥运会女子 67 公斤级的冠军。在 2012 年伦敦奥运会上，吴静钰获得女子 49 公斤以下级跆拳道冠军。2016 年里约热内卢奥运会上，赵帅夺得了跆拳道男子 58 公斤级冠军，这也是中国男子跆拳道历史上第一枚奥运金牌；郑姝音夺得了女子 67 公斤以上级决赛冠军。在 2020 年第 32 届东京奥运会上，赵帅获得跆拳道男子 68 公斤级铜牌。我国跆拳道运动水平长期居于世界前列，相信未来仍将保持这一良好的发展态势。

（五）射击运动发展情况

我国引进射击运动的时间并不长，但在较短的时间内仍旧取得了不错的成绩。1981 年，中国参加了在阿根廷举办的世界射击锦标赛，从此拉开了中国射击运动快速发展的序幕。在该届赛事中，巫兰英与队友一起获得双向飞碟女子团体冠军，并获得双向飞碟女单冠军，这也是中国射击队获得的第一个世界冠军。1984 年洛杉矶奥运会中，许海峰夺得了男子自选手枪比赛的冠军，让世人开始认识中国射击运动。

1992 年西班牙巴塞罗那奥运会中国队在射击项目中又立新功，取得了 2 枚金牌、2 枚银牌的良好成绩。在双向飞碟项目比赛中，女射击运动员张山一举挫败世界男选手荣获金牌，在世界体坛中引起了不小的轰动。王义夫连续 6 次征战奥运会，在 1992 年巴塞罗那奥运会上获得冠军，在 1996 年亚特兰大奥运会和 2000 年悉尼奥运会上获得银牌，在 2004 年雅典奥运会上再一次获得金牌。在 2008 年北京奥运会上，中国射击队为祖国赢得了很多荣誉。在 2016 年里约热内卢奥运会上，中国射击队获得 1 金 2 银 4 铜的成绩，成绩相比以往有所下滑，但在 2020 年东京奥运会上，中国射击队获得了 4 金 1 银 6 铜的好成绩。

（六）其他运动项目发展情况

在当今世界体育运动快速发展的背景下，有很多在世界上流行的运动项目在中国普及与推广开来，如滑雪、滑冰、蹦极、登山、越野等各种各样的极限运动得到了一定的发展，受到年轻人的青睐。一些项目还成立了运动队，在国内外各项赛事中也取得了不错的成绩。我国的花样滑冰、短道速滑和速度滑冰等项目的实力就比较雄厚，屡屡在世界大赛中取得好成绩。这些运动项目的发展极大地丰富与完善了我国的竞技体育文化体系，也为人们参加运动锻炼提供了多种选择。

二、竞技体育存在的问题

竞技体育在发展的过程中会受各种因素的影响，难免存在各种问题。我们需要做的是针对这些问题采取有针对性的措施和手段加以解决，从而促使竞技体育获得更加健康的发展。目前来看，竞技体育在发展中主要存在以下两个方面的问题。

（一）运动员培养理念存在偏差

竞技体育在当今时代背景下呈现市场化和商业化发展的趋势。在这样的情况下，一些运动队为了追求经济利益最大化而急于求成，不重视年轻运动员的培养，这对于竞技体育项目的发展是不利的，容易导致运动员培养理念出现异化现象。

因此，为促进竞技体育的进一步发展，必须树立正确的运动员培养理念，摒除那些不适合现代运动发展的培养理念，在运动员培养与发展的过程中要将文化知识与运动技能的培养和其他综合素质的培养结合起来，这样才能培养出高质量的体育人才。

（二）过度开发竞技体育资源导致生态环境遭到破坏

伴随着时代的不断发展，竞技体育产业化与市场化的步伐不断加快，为推动竞技体育的进一步发展，国家需要付出大量人力、物力、财力。只有在这些资源的保障下，竞技体育才能获得健康持续的发展。然而，对各类资源的挖掘、开发与利用，难免会对自然环境造成一定的破坏。自然环境遭到破坏不仅会给体育赛事的举办城市带来不利影响，也会影响人们的正常生活。

总之，在发展竞技体育的过程中难免会带来破坏自然生态环境的问题，这些问题的解决需要讲究一定的方式和方法。首先,要做好预防机制,由体育赛事组织者事先做好体育赛事的综合评估,评估其对城市等各方面的影响;其次,要采取必要的应对措施以保证城市及生态环境不被破坏。

第三节 体育强国建设与竞技体育的关系

一、竞技体育通过各种传播手段促进体育强国的建设与发展

发展到现在,竞技体育的影响力越来越大,可谓占据着世界体育运动的主要地位。世界上每个国家在国际竞技体育比赛中获得冠军,对于本国竞技体育的发展都是最好的宣传。2004年雅典奥运会上,刘翔在男子110米栏项目中获得冠军,打破了欧美国家在田径运动中的垄断,让世界人民为之瞩目。2008年北京奥运会,中国乒乓球运动员包揽乒乓球项目的全部金牌,中国跳水运动员包揽所有跳水项目的冠军,这些都是代表我国竞技体育的名片,每当提到中国体育时,这些项目都会涌现出来。正是我国运动员在竞技体育项目中取得的优异成绩,才让世人充分认识与了解了中国体育。

伴随着竞技体育事业的不断发展,人们也越来越关注体育运动,近年来我国举办了大量的体育赛事,人民群众积极投入健身运动中,商业性的竞技体育也开展得如火如荼。媒体对竞技体育的传播激发了人们参与体育运动的热情,对体育强国的建设与发展有很大的促进作用。[1]

二、竞技体育水平的提升推动体育强国建设

在竞技体育领域,奥运会是具有代表性的运动盛会,一个国家的奥运会比赛成绩在很大程度上代表着这个国家的竞技体育水平。我国自从加入奥运大家庭以来,在历届奥运会上取得了不俗的成绩,令世人瞩目,尤其是2008年北京奥运会上,我国更是取得了金牌榜第一名的成绩,创造了历史。这每一枚金牌的背后都是中国运动员付出的艰辛与努力,他们用汗水与泪水为国争光,让世界上更多的人知道中国体育、了解中国文化,在国际舞台上通过竞技体育的闪

---

[1] 宁志勇:《竞技体育对中国体育强国之路的重要作用》,《贵州体育科技》2014年第4期,第3页。

光点潜移默化地传播中国文化。金牌不仅代表一份荣誉,更代表着中国竞技体育总体水平的提升,由此可见,竞技体育的发展对于体育强国建设具有重大的推动作用。

第四节 竞技体育建设实现体育强国的路径

一、推动竞技体育发展从要素驱动向创新驱动转变

竞技体育的发展永远是不断向前的,在当今时代背景下,要推动竞技体育的发展,就必须加强创新,实现发展动力由要素驱动向创新驱动转变。这一创新主要包括两个方面的内容:一方面是科技创新,即利用高科技手段促进竞技体育的发展;另一方面是制度创新,即制定合理的制度消除以往的体制性障碍,提高竞技体育资源配置效率。具体而言,为推动竞技体育由要素驱动向创新驱动转变可以从以下方面入手。

第一,当前我国竞技体育存在科技创新驱动不足的问题,为解决这一问题,需要我国重新审视与剖析竞技体育的内涵、发展规律以及市场经济发展的特征和规律等,从而实现发展方式的转变。

第二,引进与革新训练理念,借鉴其他国家先进的训练手段和方法,不断提高运动训练的质量,不断提高运动员的竞技水平。

第三,充分利用人工智能、大数据、生物技术等现代科技,推动竞技体育运动训练的智能化发展。

第四,加大体育运动训练的科研投入,建设一个"科、训、医、教"一体化的训练基地,为运动员训练提供良好的基础。

第五,加强体育体制的创新,加强竞技体育管理体制的改革,实现各方面体育资源的有效整合。

第六,调整与优化运动项目结构。优先发展那些具有核心竞争力的项目,如田径、游泳等,注重发展集体类项目,提高球类项目的职业化水平,推动竞技体育的全面均衡发展。

第七,建立一支高素质的训练管理团队,创新与完善训练组织形式,实现组织创新,进一步促进训练水平的提升。

第八,充分利用各种优势资源构建一个多学科、跨国、跨部门的体育科技协

同创新平台，争取创造出具有世界影响力的科研成果，充分展示我国竞技体育发展的先进性。

二、体育强国是竞技体育发展的指导方针和理论基础

早日走进世界体育强国的行列可以说是我国全体人民的一个梦想。2014年2月7日，习近平总书记在看望索契冬奥会中国体育代表团时指出，我们每个人的梦想、体育强国梦都与中国梦紧密相连。从中国社会及体育运动发展的历史来看，中国梦在体育领域的具体反映就是体育强国梦，实现体育强国梦是中华民族的伟大梦想。竞技体育是体育强国建设中的重要内容，而体育强国则是竞技体育发展的指导方针和理论基础。

中国特色体育承载的不仅是运动员的个人荣辱和体育部门的一家兴衰，更是代表着人民健康水平的高低、国家形象的好坏、民族精神的聚散。因此，在今后竞技体育发展的过程中，我们要充分认识与理解中国梦，彻底理解体育强国与竞技体育之间的关系。如果不能深刻理解中国梦，就难以真正认同体育强国梦，难以全面看待中国特色体育，容易采用单纯机械的思维看待复杂多变的体育实际，狭隘地看待中国特色体育在建设健康中国、实现中国梦方面发挥的作用。除此之外，体育强国建设还能为我国提供更多的体育人力资源，为竞技体育的发展指明前进的道路。

三、构建举国体制与市场机制相结合的新体制

我国加入奥运大家庭的时间较短，在这样的现实背景下，为了尽快地缩小与西方国家之间的差距，我国制定并实施了举国体制。这一体育体制在一段时间内发挥了重要的作用，我国竞技体育水平获得了很大程度的提高，尤其是在奥运会上，我国取得的成绩有目共睹。举国体制的核心在于坚持竞技体育的发展为社会主义政治服务、为党的基本路线服务、为党和国家的中心工作服务，坚持公共财政对竞技体育的投入，政府在其中起主导作用，这一体制在当时无疑是成功的。

需要注意的是，伴随着时代的发展和进步，过去的举国体制已难以适应时代发展的需求，尤其是在当今市场经济高度发展的背景下，举国体制存在着弊端，对我国竞技体育的发展产生了一定程度的影响。因此，今后在不断完善举国体制的同时还要加强其与市场机制的结合，力争创新出一个有利于我国竞技体育进一步发展的新体制。

革新旧体制，创造新体制，可以从两个方面入手：一方面，要采取各种手段和措施扩大竞技体育市场的规模，充分发挥市场经济的调控作用；另一方面，要充分利用市场机制的功能进一步提高公共资源的配置效率，合理利用各方面的资源。

总之，举国体制和市场机制的有机结合，既能有效发挥政府的宏观调控作用，又能利用市场经济的杠杆作用，从而形成竞技体育发展的强大合力，推动竞技体育的进一步发展。

四、加强我国竞技体育与国际社会的协调发展

在当前全球一体化发展的背景下，竞技体育的内容也越来越丰富，呈现多元发展的态势。在这样的时代背景下，要想提升我国竞技体育的国际影响力，就需要以体育强国为目标，积极响应"一带一路"倡议，加强我国体育与其他国家和地区的体育文化交流与合作，走出一条国际化发展的道路。

通过一段时期的努力，我国的竞技体育获得了长足的发展，形成了一些自己的优势项目，如乒乓球、羽毛球、跳水和举重等，这些项目的发展对于其他相对落后项目的发展具有一定的推动作用。在与其他国家交流的过程中，我们可以积极扶持落后国家和地区的发展，大力宣传与推广这些项目。当然，我国也存在不少正在发展中的体育项目，如足球、网球等，这些体育项目在进行自身发展的同时还要积极汲取国外的先进经验，革新旧的发展理念，引进先进的训练手段和方法，逐步提高这些项目的竞技水平。这样有利于形成我国与国际社会协调发展的态势，对于我国竞技体育的发展十分有利，能够有力推动我国早日实现体育强国梦。

五、全面推进体育竞赛体制改革

伴随着竞技体育的快速发展，出现了越来越多的体育竞赛，这些体育竞赛的举办对于竞技体育的发展具有极大的推动作用。体育竞赛可以说是竞技体育的核心要素，通过这些体育竞赛的举办，竞技体育能够与社会需要相契合，从而让竞技体育不断获得发展。在新的时代背景下，为进一步推动竞技体育的发展，加强体育竞赛体制的改革与创新是一个非常重要的手段。

在竞技体育发展的今天，全面推进体育竞赛体制改革需要着重从以下四个方面进行。

第一，各城市要积极申办各种类型的体育竞赛，创建具有世界影响力的品牌赛事，以进一步提升我国竞技体育的实力。

第二，加强现有体育竞赛的分类改革，这主要集中在综合性运动会及单项体育竞赛两个方面。前者主要以发挥竞赛的综合价值为目标，不断提升赛事举办方的组织水平与管理水平；后者主要以检验和提高运动员的竞技水平为目标，促进竞技体育人才运动水平的提升，构建完善的单项体育竞赛体制。

第三，在职业联赛建设方面，要建立多层次、多结构、多区域的联赛体系，以职业联赛带动相关运动项目的发展。

第四，建立完善的联赛管理体制，协调处理好运动员及其他各方面的关系，实现相互促进、共同发展的目标。

六、改革竞技体育后备人才培养体制

在体育强国战略下，为进一步推动我国竞技体育的发展，不能忽略竞技体育后备人才的培养，要进一步改革后备人才培养的体制。当前我国竞技体育后备人才培养还存在着个别问题，改革竞技体育后备人才培养体制可以从以下六个方面进行。

第一，从推动青少年体育运动的发展出发，加强学校体育教育改革，建立科学合理的三级训练网络，促进学校与社会力量的结合，走多元参与、协同发展的道路。

第二，学校体育教育要打破竞技体育与群众体育的壁垒，实现课内外体育教育与训练的结合。

第三，制定实施青少年运动技能等级评定标准，并将其纳入学生综合素质评价体系。

第四，鼓励学校定期开展各种形式的业余运动训练，形成小初高一体化的竞技体育后备人才培养模式，打造完善的竞技体育后备人才库。

第五，重点发展奥运优势项目和田径、游泳等基础项目，以此带动其他运动项目的发展。

第六，积极挖掘社会资源参与竞技体育后备人才培养工作，走政府宏观调控与市场相结合的道路，推动青少年体育工作的顺利进行。

七、走竞技体育的全面协调、科学发展之路

在体育强国战略下，影响我国竞技体育发展的要素较多，竞技体育的管理者

要充分遵循全面协调、科学发展的原则大力推动我国竞技体育的发展。在发展的过程中，管理者要充分认清竞技体育在我国整个体育事业中的地位，处理好竞技体育与其他体育事业之间的关系，实现相互促进、相互发展的目标。

要想实现体育强国的战略目标，加强竞技体育的发展势在必行，同时也离不开与其他体育事业的全面协调发展。要加强竞技体育与我国经济建设、政治建设、精神文明建设等方面的协调发展；在发展竞技体育运动的同时，还要注重大众体育、学校体育、社区体育的共同发展；在经济欠发达地区，要帮助人们充分认识与理解竞技体育的内涵与价值，促进竞技体育在这些地区的传播与发展。只有实现竞技体育与其他体育事业的全面协调发展，才有利于我国的体育强国建设，这反过来又能推动竞技体育的进一步发展。

八、构建科学合理的训练体系

科学合理的训练体系是提高竞技体育实力的保障，为此可以从以下三个方面入手进行构建。

第一，统筹科技资源，保障训练绩效。坚持"三从一大"（从难、从严、从实战出发，坚持大运动量训练）训练原则，搭建跨学科、跨地域、跨行业、跨部门的体育科技协同创新平台，组建包括体能训练、医疗、心理、营养、康复等在内的复合型训练团队，加强科研攻关和医疗保障。加大对训练基地的投入和支持力度，将部分基地打造成世界一流的一体化训练基地。

第二，发挥退休功勋教练、退役高水平运动员的作用。加强与退休功勋教练、退役高水平运动员的联系，邀请他们到训练一线指导现役运动员、教练员，提升训练水平。

第三，加强与其他国家和地区训练队伍、训练基地的交流。在各方面条件允许的情况下，实现双向互访。加强保障，派出高水平运动员到其他国家和地区的高水平训练场所参加训练。

九、全面推动足球、篮球、排球运动的普及和水平的提高

"三大球"在整个竞技体育中占据着举足轻重的地位，为全面推动"三大球"项目的普及和水平的提高，可以从以下三个方面入手。

第一，加强顶层规划设计，构建科学的训练、竞赛和后备人才培养体系。"三大球"的振兴需要政府各个部门和社会力量共同努力。以政府主导、部门协调、

社会参与为基础，构建训练、竞赛、后备人才培养三类体系，保障不同体系间的畅通和协作，探索"三大球"发展道路。

第二，派出高水平球员到"三大球"强国训练、比赛，争取成为相关俱乐部、球队的球员和主力。到国外训练、比赛的运动员要走职业化发展道路，拓宽视野、增加技能、积累经验，从根本上提升其对本运动项目的理解。争取"三大球"每项运动的世界最高竞技舞台上都有一批中国球员的身影，为国家队竞技水平的提高打下基础。严把入队关、思想关、训练关、生活关、管理关、纪律关，打造能征善战、作风优良的国家队。

第三，引进国外高水平运动员、教练员参加国内"三大球"联赛。制定科学的规则和制度，鼓励国外运动员、教练员加入中国联赛，保障他们的合理收入和合法权益，在互学互鉴中共同提高。

第七章 体育强国实现路径之学校体育建设

　　学校体育建设是体育强国实现路径中的基础环节。我们应该高度重视学校体育的发展，及时解决学校体育在发展中遇到的问题，加强对学校体育的管理，明确学校体育的基础地位，为体育强国建设提供有力的人才保障。

第一节 学校体育概述

一、学校体育的概念、目的与任务

（一）学校体育的概念

学校体育产生的时间较早，关于学校体育的概念，不同的专家有不同的见解。笔者认为，以在校学生为参与主体，通过培养学生的体育兴趣、态度、习惯、知识和能力来增强学生的身体素质，培养学生的道德和意志品质，提高学生身心健康水平的体育活动就是学校体育。学校体育是教育的重要组成部分，是计划性、目的性、组织性较强的体育教育活动过程。

（二）学校体育的目的

总体来看，学校体育的目的主要是，增强学生体质，提升学生心理水平，增强学生道德品质，使他们能很好地完成学习任务。

（三）学校体育的任务

具体而言，学校体育的任务主要包括以下三个方面。

第一，全面发展学生的身体素质，促进学生身体形态结构、生理机能和心理的发展，提高学生的身体素质和人体基本活动能力，提高其对自然环境的适应能力。

第二，学校体育教育要能使学生学习和掌握体育基本知识、技术和技能，学会科学锻炼身体的方法，培养学生参与体育运动的兴趣、习惯和能力，从而养成终身体育锻炼的习惯。

第三，学校体育教育要能促进学生个体的社会化发展，还能通过对学生进行思想品德教育，培养其良好的道德和意志品质。

二、学校体育的特征与功能

（一）学校体育的特征

1. 基础性特征

第一，在整个学校教育系统中，体育教育是非常重要的内容和组成部分，它占据着学校教育的基础地位，对学生的各方面发展都发挥着基础作用。

第二，学校体育面向的对象是在校学生，而处于青春期的学生身体各方面都处于发育的关键时期，对其进行体育教育有助于他们的健康成长与发展。

第三，在校学习阶段可以说是学生生活习惯和行为养成的重要阶段，体育教育能为学生今后参加竞技体育和大众体育活动打下坚实的基础。

2.普及性特征

学校体育面向的对象为全体学生，具有较强的普及性特征，在具体的体育教育中，应以传授、普及体育知识为宗旨。

3.系统性特征

学校体育的系统性特征主要体现在以下三个方面。

第一，学校体育遵循学生发育、成长的基本规律，并根据教学规律设计各种形式的体育教学活动，以促进学生的全面发展。

第二，教师严格遵循循序渐进的基本原则指导学生参加各种各样的教学活动和实践活动。

第三，体育活动主要包括课堂教学与课余锻炼，只有通过这两方面的结合才能实现预期的教学目标。

（二）学校体育的功能

1.改善学生身体机能状况

学校体育活动的内容丰富、形式多样，能激发学生学习的兴趣、增强学生身体素质，这是学校体育一个非常重要的功能。学生经常参与体育锻炼，能很好地增强体质，提高人体抵抗疾病的能力。

2.提高学生心理素质水平

大量的实践表明，经常参加体育锻炼还能提升学生的心理素质水平。通过参加各种体育文化活动，学生能从中获得深刻的感悟，缓解学业与生活上的压力，提升精神状态和学习效率。另外，学校体育文化还能为师生营造一个良好的氛围，促进人与人关系的完善和学生身心健康的发展。

3.育人功能

学校体育还有重要的育人功能，这一功能主要反映在以下两个方面：一方面，教师传授给学生体育知识与技能，提高学生的体育运动水平；另一方面，教师通过组织各种形式的课外体育活动，满足学生的各种需求，促进学生的个性化发展。由此可见，学校体育具有显著的育人功能，在宣传与推广学校体育活动时，要将学校体育的这一功能放在突出的位置。

4. 促进学生智力提升

智力是指人体集中精力以稳定的情绪从事艰难、复杂、敏捷和创造性活动的能力，这一能力对学生一生的发展都起着极为重要的作用。通过参加各种形式的体育活动锻炼，学生能在愉快的氛围中获得各方面的提升，其中智力的提升就是非常重要的方面。学生在参加体育活动的过程中，大脑能源物质与氧气供应都非常充足，这能促进学生大脑神经细胞的发育。除此之外，学生参加体育活动还能有效消除疲劳、放松身心，以良好的精神状态投入学习和生活中。

5. 增强学生凝聚力

学生参加体育活动锻炼不仅需要良好的体能和运动技能，还要具有良好的团队配合意识，这是因为许多体育项目都是集体性项目，需要团队成员的配合才能完成。因此，学生需要具备良好的团队协作意识与配合能力，否则就会影响团队的运动成绩。要想形成良好的默契、完成良好的配合，就必须经过长期的练习。此外，学生在练习的过程中能培养自己的大局观，能形成集体荣誉感。在参加各种体育活动的过程中，学生彼此间的感情逐渐加深，学生凝聚力大大增强，这对于学校体育的发展是非常有利的。所以说，学校体育具有增强学生凝聚力的功能，这一功能无论是对学生的发展还是对学校体育的发展都具有重要的意义。

6. 促进学生身心全面发展

伴随着时代的不断发展，体育已渗透进社会的各个角落，在人们的日常生活中扮演着越来越重要的角色。另外，国家及政府部门也高度重视体育运动的发展，体育的影响力也越来越大，通过参加体育锻炼活动，人的身心都能获得全面健康的发展。

经常参加体育锻炼，除了能增强身体素质，人的审美素质和个性品质也能得到相应的提升。这对于学生的全面发展具有重要的意义。由此可见，良好的学校体育氛围能有效提升学生的心理品质，促进学生的全面发展。

7. 提高学生思想品德修养

目前，各类学校体育活动大量涌现，极大地丰富了学生的课外文化生活。体育运动不仅能吸引众多热爱运动的学生，使学生在良好的体育环境与氛围中构建自己的知识结构体系，增强自身身体素质，而且能很好地培养学生的集体主义精神，锻炼其意志品质。例如，体育竞赛活动能在一定程度上强化学生的团队意识，体育讲座能帮助学生正确认识体育教育的基本理念,体育实践能很好地促进学生的个性发展。总之,各类丰富多彩的学校体育活动能有效提高学生的思想品德修养,学校体育的这一功能理应得到更好的宣传。

第二节 学校体育发展现状及问题

了解我国学校体育发展现状、找出问题根源并进行解决,是促进我国学校体育教育质量提高的必经之路。

一、学校体育发展现状

(一)学校体育总体发展现状

学校体育物质文化发展、学校体育精神文化发展、学校体育制度文化发展是学校体育发展的三个层面,这三个层面对于学校体育的发展具有重要的意义,缺一不可。下面就从这三个层面出发,分析我国学校体育总体发展现状。

1. 学校体育物质文化发展现状

在学校体育系统中,体育物质文化的内容十分丰富,我们平时所看到的体育场地、体育设施、体育器材、体育雕塑、体育标语等都属于体育物质文化的内容,这部分内容是必不可少的,是学校体育存在的基础,缺少了这部分内容,任何体育活动都难以开展。体育物质文化的内容凝聚和展示着学校全体师生和员工的知识与智慧,能对学生产生潜移默化的影响。这些体育场地、体育设施、体育器材等既是师生得以开展体育教学活动的重要载体,也是学生参加课外体育活动所必备的条件,其发展水平在较大程度上决定着学校体育发展的水平,因此学校体育部门要对此高度重视。

(1)学校体育物质文化的内容发展现状

通过相关调查统计发现,我国部分学校的体育场地、体育设施等并没有达到国家制定的相关标准,校园内的体育基础设施难以满足课堂教学、课余体育锻炼的需要,这不利于学校体育的发展。

受学校扩招、学校影响力提升等因素的影响,部分学校将体育物质资源用于学校运动队的体育教学和运动训练中,导致其他学生参加课余体育锻炼的体育场地与设备不足,这对学生整体运动水平的提高以及体育健身意识和习惯的形成都造成了不良的影响。

从整体上看,造成当前我国学校体育场馆、体育器材等基础设施不足的原因主要有以下三个方面。

第一,为了在短时间内提高学校的影响力,部分学校往往只重视眼前利益,而忽视了长远利益,不注重学校体育的长期发展。除此之外,盲目扩招也在一定程度上压榨着体育优质资源,无法满足广大学生学习体育的需求。

第二,我国地域辽阔,各地区存在着发展不平衡的情况,在此背景下,部分学校领导对体育教育的任务、目的、地位的认识存在偏差,不重视体育教育在学校的开展,这不利于学校中体育场地、体育器材等基础设施的建设,不利于体育教学活动的开展。

第三,一些学校体育设施、体育器材比较齐全,但由于这些设施、器材的维护费用较高,学校就减少向学生开放的次数,这既不利于学生参加课余体育锻炼,也不利于学生形成终身体育的意识。

(2) 学校体育物质文化环境现状

良好的体育物质文化环境对于学校体育教学活动的顺利开展具有重要的意义,对于学生体育兴趣和运动动机的激发也起着明显的作用,因此学校体育物质文化环境的建设非常重要。一般来说,学生的体育价值观念还不固定,具有一定的可塑性,他们对体育的价值认识还处在初始阶段,没有充分认识到体育物质文化环境具有的教育功能,在这样的情况下,学生体育价值观念的更新和体育文化素养的培养等都会受到一定的影响。因此,加强体育物质文化环境的建设势在必行。

在学校体育物质文化环境建设方面,我国部分学校还未形成体育物质文化环境的创造意识。在现代信息化社会环境下,学生主要通过体育图书资料和网络资源来了解和接触体育信息,只有部分学校注重对这类信息的传播,说明学校对体育物质文化环境建设的重视程度有待提高。

当前我国学校体育的宣传途径较少,宣传方式比较单一,在这样的环境下难以实现既定的学校体育教育目标,这对于学校体育物质文化的建设是不利的。为改变这一现状,学校体育部门领导及体育教师要联合其他部门不断加强体育物质文化环境的建设,加大这方面的资金投入力度,并在思想上高度重视起来。

2. 学校体育精神文化发展现状

体育精神文化可以说是学校体育发展的思想核心,也是学校体育文化的核心内容。当前,我国学校体育精神文化的发展现状体现在以下方面。

(1)体育观念

体育观念是学校体育精神文化建设的重要内容，它是指体育教师与学生对体育在健身、娱乐、心理素质提高、智力培养等方面的价值的认定。形成正确的体育观念非常重要，因为只有在正确的体育观念的指导下，师生才能采取恰当的体育行为促进学校体育的发展。因此，在平时的教学中，体育教师要非常重视对学生体育观念的培养。一般情况下，良好的体育观念主要体现在健身、娱乐、心理素质提高、智力培养等方面。

从整体上看，我国大部分学校的学生都能认识到体育的价值与功能，他们了解体育对人的身心健康的重要作用，知道体育锻炼能使人乐观向上，有助于提高智力水平和道德水准。然而，也有部分学生对体育观念的认识还只停留在表面，并不能领会和表述清楚体育对人的深层次影响。此外，尽管学生能认识到体育锻炼的价值，但是将其付诸行动的学生并不多，这也从侧面说明学生尚未形成良好的体育锻炼习惯。

综上所述，我国大部分学校学生的体育观念比较正确，能充分认识到体育锻炼的价值与意义，但并没有将这种良好的体育观念真正地贯彻落实到具体的实际行动中。因此，学校的体育教师要对学生加以引导，帮助学生更加深刻地理解体育文化的内涵和价值。

(2)体育风尚

体育风尚是学校体育文化的重要内容，它是指在体育教学或活动中由广大师生传承的具有普遍自觉性的体育行为和习惯。在良好的体育风尚下，学校体育文化建设水平能得到有效提升，在这样的环境氛围中，体育教师和学生能形成积极进取的良好心态，同时还能形成良好的校风和学风，有利于学校体育的发展。

当前我国部分学校的体育风尚发展得并不尽如人意。在学校中，平时关注体育新闻、观看体育节目和体育赛事的师生并不在少数，但只有一部分师生能够坚持参加日常体育锻炼，能够关注身心健康问题，主动地去学习体育方面的知识，可见这些体育赛事及运动项目对师生具有较强的吸引力。因此，学校要注重开展相关体育运动项目的比赛及活动，以营造良好的体育文化氛围。良好的体育文化氛围能对师生的体育参与度产生较大的影响，在良好的体育氛围中，师生能更加自觉地参与体育活动与锻炼。

总之，目前我国大多数学校师生的体育观念相比以往有所转变，能充分认识到体育锻炼的价值所在，但他们自觉参与体育锻炼的意识相对较差。这就需要今后学校体育部门经常组织一些体育文化活动或体育比赛，引导广大师生养成良好的体育习惯，并将其充分贯彻到体育活动之中，进而形成良好的学校体育风尚。

(3) 体育道德

对于在校学生而言，学校体育文化对提高学生体育道德具有独特的作用。体育道德能够反映学生整体的人文素质状况，这种在参与体育运动过程中体现出的道德水平既真实又客观，是学生对体育内在意识、观念及价值等的具体表现。在足球、篮球等集体运动项目中，以上这些意识与精神显得更为重要。通过长期地参加体育锻炼，尤其是参加那些需要团队配合的集体运动，能很好地培养学生的责任意识、公平意识和集体主义精神，有利于学生的全面发展。

从整体上看，我国大部分学校学生的体育道德水准较高。这主要表现在大多数学生能够遵循公平竞争、团结友爱、重在参与的原则参加各种体育活动或比赛，具有强烈的集体主义精神。在体育活动和比赛中，他们最希望实现的是机会均等、遵守纪律、表现自我、实现自我和超越自我的目标。

处于青春期的学生心思单纯、功利心不强，这有利于对其进行体育道德素养的培养。同时，也必须看到学生受家庭、学校、社会等各方面因素的影响，其体育道德也存在一些不足之处。有的学生可能在参加体育锻炼或体育比赛的过程中表现出自私自利、缺乏责任感、缺乏团结合作精神等特点。因此，体育教师要切实了解每个学生的具体实际，了解不同学生的心理需求，对其进行有针对性的培养。

(4) 体育精神

一般来说，学校体育精神会突出体现出公平竞争、顽强拼搏、团结协作、遵纪守法等精神，这些精神有利于学生未来的发展。在学校体育文化中，奥林匹克文化是必不可少的内容，在体育教育中可向学生弘扬奥林匹克精神以促使他们将"更快、更高、更强"作为人生的追求。此外，对于公平竞争和拼搏奉献等精神的培养，也充分体现出学校体育文化培养的价值。

学生体育精神的培养与学校体育传统、地域、民族等均有一定的关系。其中，体育传统较好的学校能够积极培育学生的各种体育精神；相反，尚未形成体育传统的学校会使学生较难感受到体育精神的渗透，以及学校体育对他们的学习生活带来的影响。

3. 学校体育制度文化发展现状

在学校体育文化体系中，体育制度文化也是非常重要的内容，它是学校体育组织形式和体育意识的集中体现，其价值与作用主要体现在指导学生正确的体育活动行为上。

为保证学校体育教育的顺利发展，必须有一个科学完善的管理制度作为保障，因此加强学校体育制度文化的建设至关重要。学校体育制度可以说是学校体育文化管理和文化活动的准则。在活动中，它成为约束与规范学生体育行为的基本原则，也正是由于受到体育制度的约束，学生才能慢慢形成依规行动的意识。当前，我国学校体育制度文化发展的现状体现在以下两个方面。

（1）体育传统

体育传统是指学校在体育方面形成的一种带有普遍性、重复性和相对稳定性的体育行为风尚。在学校体育教育中，各学校普遍存在着一些体育传统活动，如校级运动会、校内学生体育联赛等，这些活动的举办对于学校体育的发展具有重要的意义。大部分学校重视课余体育训练，会针对高水平运动队和普通学生运动队的不同特点，安排相应的运动训练并组织学生参加校外体育竞赛。然而，通过调查发现，部分学校对体育节等活动的名称并不是非常关注，这从侧面体现出学校体育活动组织者对这方面的意识还有待加强。体育传统对学校体育文化的建设与发展具有重要的作用，学校应对此给予关注。另外，部分学校缺乏体育理论选修课的开设，而更注重实践选修课的安排，同时还缺少体育专题讲座与体育知识竞赛等活动，这一点需要今后加以改进。

（2）体育制度

一个良好的体育制度体系能够保障学校各类体育文化活动的顺利进行，协调学校各部门的工作，最大限度地发挥参与体育活动的人力、物力和财力的作用。

从整体上看，当前我国大多数学校能根据学校的体育教学、校内体育竞赛、运动队训练和竞赛、体育教师管理、场地器材设施管理的需要建立相应的体育制度，但是也有部分学校的体育制度文件内容存在同质化现象，没有依据自身的具体实际制定出有针对性的体育制度，这不利于学校具体体育工作的开展，需要进行相应改革。

总之，在当前学校体育发展的背景下，虽然大部分学校都具备维持学校体育工作的体育制度，但是随着学校体育工作的现代化、信息化、社会化，各学校的体育制度逐渐不能满足当前的需求。这就需要学校革新旧有的思想观念，结合当今学校体育发展的背景和形势进一步改进与完善体育制度体系，只有这样才能有效推动学校体育的发展。

（二）重点体育课程建设现状

1. 学校田径课程建设现状

在我国的学校体育教育中，田径课程引进的时间较早，属于我国学校体育教学中一门具有较大影响力的体育课程。与其他后引进的体育课程相比，田径课程具有一定的优势。随着学校体育的不断发展，体育教学内容也日益丰富，在这样的背景下，田径课程受到一定的冲击。田径课程不再像以往一样受到重视，不再是部分学校的体育必修课，有些学校甚至还取消了田径课程，可见田径课程在学校体育中面临着巨大的挑战。

尽管田径课程受到一定的冲击，但目前在我国大部分学校仍然设置了田径课程，主要分为必修课和选修课两种。从整体上看，当前我国田径课程建设现状主要可以从以下方面进行分析。

（1）田径课程开课形式现状

我国大部分学校开设了田径课程，且基本在初始年级将田径课程作为必修课，这充分说明，在这一阶段田径课程还是受到学校教育部门重视的。

在高校体育教学中，田径有必修课和选修课两种形式，作为选修课时往往仅有部分学生选择田径课程。这主要是因为田径课程的内容相对单一，学生兴趣不足，因此学校体育教育管理者或者体育教师应重视田径课程内容与形式的革新与丰富，努力提高学生学习田径课程的兴趣。

（2）田径课程教学时数现状

一般来说，田径课程的教学时数主要分为理论课时数和实践课时数两个部分。在理论课时数方面，我国大部分学校每学期有两学时的田径理论课，理论课时数相对较少，不利于学生深刻地认识与理解田径运动的内涵，从而难以对田径运动产生兴趣。这种田径理论与实践内容课时安排的不合理性直接影响着我国学校田径运动的健康发展。在学校体育教学中，学生田径运动水平的提升同样需要依靠理论与实践的结合，因此学校的体育教育管理部门一定要重视田径理论，适当地增加田径理论课时数。田径实践课的教学时数基本维持在12~20学时，有一些学校每周上一次田径课，共两学时。总的来看，我国学校的田径实践课时数还较少，这不利于学生学习与掌握田径技战术。

（3）田径课程教学理论课内容和组织形式现状

我国学校田径课程教学理论课内容主要包括田径运动常识、田径运动特点与价值、田径运动发展趋势三个方面，所涵盖的田径知识并不多，再加上教师和学生不够重视，导致学生难以理解田径运动丰富的内涵与价值，不利于其学习田径运动。

在田径课程教学理论课的组织形式方面，我国学校主要采用班级集中授课的形式，这样的形式有利于教师授课，但不利于因材施教。集中授课这一教学形式可以在短时间内组织学生学习田径运动的基本知识，但在这一教学形式下，学生大多处于被动的状态，难以产生学习的积极性。因此，在田径课程改革中，应将调整授课形式作为一项重要的工作，要本着"以人为本""坚持创新"等理念和原则进行。

（4）田径课程教学技术理论课现状

①课程内容分析。通过大量的调查与分析发现，与学校其他体育课程相比，我国部分学校的田径课程内容相对陈旧、简单，只重视田径技术训练，而对身体训练与技术能力发展的结合不够，在这样的情况下，学生的成绩难以得到较大程度的提高。

②教学组织形式、方法及手段分析。田径课程教学系统涵盖的要素较多，正是在这些要素的推动下，系统才得以顺利运转，因此要合理安排系统内的每个要素。教学组织形式、方法及手段是开展田径教学的重要基础，直接影响到田径教学效果，因此学校体育教育部门要重视起来。通常情况下，学校体育课堂教学班的人数不宜过多，最好维持在30人左右，这样有利于取得理想的教学效果。

要想提高田径课程教学的质量和效果，就必须采用符合现代教育要求的教学手段与方法，良好的教学手段与方法能保证田径课程教学活动顺利开展，因此学校必须对此加以重视。在新的时代背景下，教学手段与方法的设计要符合现代学校教育的要求，遵循创新教育的基本原则，要尽可能地采用现代化的教学手段组织田径课程教学。目前来看，我国部分学校的田径教学手段与方法比较单一，缺乏一定的趣味性，这对于学生运动技能或学习成绩的提高是不利的，需要引起学校的高度重视。

③教学内容考核评价分析。在田径教学中，田径课程教学内容考核主要包括理论课考核和技术课考核两个方面，其考核形式以"技评+达标"和达标两种方式为主。目前我国部分学校采取的是以运动成绩为主的考核评价方式，利用这一方式得到的考核结果欠缺客观性和准确性，较难为教师制订教学方案提供依据。

在体育教学中，受各方面因素的影响，每个学生都存在差异，这些差异突出表现在个性特点、兴趣爱好、运动基础、学习态度和学习水平等方面。在这样的情况下，单单用运动成绩来考核学生的学习情况是不客观的。因此，需要体育教师对考核评价方式加以改进和完善，如可以采用学生自评、学生互评和教师评定相结合的方式，将学生运动成绩、学习态度、情意表现、进步幅度等方面的考核结合起来，以得出相对客观的考核结果，便于体育教师组织与开展下一步的教学活动。

（5）田径课程教学教材现状

教材是田径课程教学的重要基础，没有教材，教学活动就难以顺利进行。因此，加强学校田径课程教学教材的建设就显得至关重要。据调查统计，当前我国学校的田径课程教学教材建设状况不容乐观，使用全国统编教材、自编教材、统编与自编结合教材，以及无专用教材的学校都存在。部分高校没有结合本校实际状况制定适配的田径教材，这对于田径教学质量的提高是不利的，需要引起学校体育部门足够的重视。

（6）田径课程教学场地与器材现状

田径课程教学活动的顺利进行离不开必要的教学场地与器材，因此，加强田径课程教学场地与器材的建设非常重要。自从田径被纳入体育教学课程，我国学校体育相关部门就比较重视田径教学场地与器材的建设。据调查统计，我国有近80%的学校田径教学场地与器材建设情况良好，能基本满足广大学生的学习需求。然而，随着学校扩招，招生规模日益扩大，部分学校的田径教学场地与器材面临着相对匮乏的局面，这对于田径课程的建设是不利的。因此，学校教育部门一定要加大田径课程的资金投入，推进田径教学场地与器材等硬件基础设施建设。

2. 足球课程建设现状

（1）足球课程教学目标现状

足球课程的建设必须以一定的教学目标为依据，使所有教学活动的开展都围绕这一教学目标而展开，这样才能保证教学活动有的放矢，完成预期的教学任务。总体而言，目前我国足球课程教学目标现状具有以下特征。

①教学目标不明确。目前，我国部分学校足球课程教学目标的设置存在两个方面的问题：一方面，部分学校的足球课程教学目标缺乏文字说明，没有一个统一的标准；另一方面，缺乏对足球课程教学目标的准确描述，没有一个科学合理的教学指标。因此，学校应制定明确的足球课程教学目标，以保证教学活动有序进行。

②教学目标不系统。目前，我国部分学校的足球课程在教学目标的设置方面不系统、不全面，主要集中在足球理论和足球技能两个方面的教学，而缺少思想

品德教育、个性化培养等内容。足球知识传授要服务于足球技能传授，学生要想学习和提高运动技能，就要建立在足球基本知识基础之上，而思想品德教育、学生个性化的培养等则统一于足球教学实践。只有将以上方面结合起来才能提高足球教学的质量，促进学生的全面发展。

③忽视终身体育教育。在推行素质教育改革的今天，过去陈旧的教学理念已难以适应现代学校教育的需求，因此加强体育教学理念的创新与发展势在必行。"全面发展学生素质，促进学生健康成长，培养终身体育意识"成为当前我国学校体育教育的基本目标，这有助于体育教师依据学生的个性特点、教学实际等制定出科学合理的教学目标。

一般来说，足球课程教学目标的设置要突出足球专项的特点，将学生终身体育意识培养、专项能力提高等因素充分考虑在内。目前我国大部分学校非常重视学生足球知识与运动技能的培养，显著提升了学生的足球运动水平，但在一定程度上忽略了对学生终身体育意识的培养。这需要体育教师将终身体育的理念充分贯穿日常的足球教学活动中，培养学生良好的体育意识和习惯。

（2）足球课程教学内容现状

当前，我国部分学校在足球课程教学内容的设置方面还存在一些问题，主要体现在教学内容的目的性不强和缺乏趣味性两个方面。我国大部分学校在足球教学内容方面还是比较丰富的，但是存在着目的性不强的问题，具体的教学过程往往流于形式，难以取得理想的教学效果。

教学内容缺乏趣味性是难以激发学生学习兴趣的，因此体育教师一定要注意足球课程教学内容的设计，争取设计出具有趣味性的教学内容。目前我国部分学校的足球课程教学内容照搬竞技性足球比赛，欠缺一定的健身性和娱乐性，以足球基本技术和战术教学为主，较少涉及足球运动的竞赛组织、游戏练习等内容，这对于学生学习积极性的提高是不利的。因此，今后体育教师一定要加强对足球课程教学内容的创新，让学生对足球这项运动产生浓厚的兴趣。

（3）足球课程教学方法现状

在教学方法方面，我国学校的足球教学存在个别问题，突出体现在教学方法比较单一和落后、缺乏必要的创新上，在这样的情况下，体育教师和学生都缺乏参与教学活动的兴趣。

一些体育教师受传统教育观念的影响，缺乏创新的动机和意识，这影响着足球课程教学方法的创新，对于足球课程教学质量的提高是不利的。受升学率及扩招的影响，我国一些学校并不重视足球课程教学质量的提升，有很多先进的教学方法未被引进学校体育课堂中。大量的实践充分表明，先进的教学方法和手段对教学质量有着重要的影响，因此要想提升足球课程教学的质量，除重视足球课程教学的发展外，还要注重足球课程教学方法的改革与创新。

（4）足球课程教学评价现状

足球课程教学的顺利开展离不开必要的教学评价，只有合理的教学评价才能为体育教师提供准确的反馈信息，使其以此为依据制订合理的教学方案。目前我国学校足球课程在教学评价方面存在个别问题，这突出体现在以下方面。

①教学评价方式落后。当前我国学校的足球课程教学评价方式比较单一，主观性较强，难以为体育教师提供可靠的教学参考，这需要体育教师重视对体育教学评价方式的选择与应用。

②教学评价结果不客观。教学评价体系的建设在一定程度上影响着教学质量的提升，而当前我国各学校足球课程教学评价结果不客观的事实阻碍着其教学质量的提升。我国学校主要采用的是教师分班级授课的方式，足球课程同样也沿用这一方式，这种方式的优点是便于组织全体学生学习，有利于提高教学效率；缺点是不能针对个别学生因材施教，也无法针对学生作出客观评价。足球课程教学评价方式的单一和不客观导致体育教师难以把握足球教学活动的科学开展，影响其教学的有效性。

③教学评价无法检验育人效果。当前我国学校足球课程的教学评价体系还不完善，教学评价的内容不够全面，评价方式较为单一，只重视对学生考试成绩的评价，缺少对学生学习态度、情意表现、进步水平等方面的评价，难以得出真实客观的评价结果，这样的评价方式无法检验足球育人的效果。因此，在这一方面需要今后大力改革与发展。

综上所述，目前我国部分学校的足球教学评价还存在问题，并不符合全面素质教育的要求。在今后改革与发展的过程中，应逐步实现由单一型评价向综合体育素质评价转化，实现评价内容与评价方式的多元化。这样才能为体育教师提供准确、全面、客观的反馈信息，才能制定科学合理的足球教学方案。

3. 民族传统体育课程建设现状

在我国，民族传统体育中的武术、跆拳道等项目引进学校体育教学中的时间相对较早，但在西方竞技体育的冲击下，这些民族传统体育课程的生存状况面临着挑战。民族传统体育课程建设现状有以下几个特征。

（1）改革目标不够明确

民族传统体育的改革目标不够明确既是当前民族传统体育课程建设中存在的

一个问题，也是我国学校体育教学中存在的一个问题，制约着我国学校民族传统体育课程的建设与发展。

长久以来，我国就已明确学校体育教育的主要目的在于提高学生身体素质，培养学生终身体育观念，促进学生的全面发展。民族传统体育教育对于推动学生的素质教育起着重要的作用。因此，在民族传统体育课程改革的过程中，要将学生的体质和健康第一作为改革的指导思想，强调培养目标、课程设置、管理模式等的建设。

（2）教学模式单一化

教学模式单一化是当前我国学校民族传统体育课程建设中存在的一个问题。教师讲解传授、学生模仿学习的模式在体育教学中最为常用，这一教学模式在教学初期具有明显的效果，能帮助体育教师顺利地开展教学工作，帮助学生快速地掌握知识与技能。然而，随着现代学校教育的不断发展，这种单一的教学模式已难以适应新时代下学校教育的要求，不利于学生创造能力的培养和提高。因此，改革教学模式是非常必要的。

（3）无法摆脱原生形态

部分学校的民族传统体育教学只以课外活动的形式开展，这使民族传统体育无法摆脱原生形态。为改变这一状况，学校相关部门要积极探索、吸取教训，采取各种手段与措施逐步摆脱民族传统体育原生形态，实现民族传统体育课程的多样化发展。

（4）教学经费有限

目前我国学校对民族传统体育教学的支持多停留在理论上，而对其经费投入较为有限，制约了民族传统体育课程的建设与发展。这一点应该引起我国学校教育部门的高度重视，在今后加大对民族传统体育教学经费的投入，加强民族传统体育的基础设施建设，为民族传统体育课程的建设与发展奠定良好的物质基础。

二、学校体育存在问题分析

（一）学校体育教学方面存在的问题

1.教学观念落后

在体育教学观念方面，我国学校存在体育教学观念更新不及时的问题，导致与国际接轨的速度相对滞后。现代学校教育注重的是学生的全面发展，特别注重培养学生的创新能力和实践能力。体育教学也应该贯彻这一理念，让学生真正成为学习的主人，充分发挥学生的主观能动性。只有这样，才能真正实现体育教学的目标，让学生养成锻炼身体的习惯，激发对体育的兴趣，从而更好地促进学生的身心健康。

因此，改变我国体育教学的现状可以从更新教学观念入手。第一，需要认识到体育教学不仅是让学生掌握体育技能，更重要的是通过体育教学培养学生的综合素质和能力。体育教师要摒弃以往那种机械式的教学方式，采用更为灵活、多元化的教学方法。第二，需要注重学生的个性化发展。每个学生都有其独特的兴趣和优势，教师应该通过体育教学帮助学生发现并发展自己的特长。这不仅有助于提高学生的学习兴趣和热情，还能让学生在体育学习中获得更大的成就感和满足感。第三，需要加强对体育教师的培训和引导。教师是实施体育教学的主导者，他们的教学理念和教学方法直接影响到学生的学习效果。因此，学校需要定期组织教师进行学习和培训，让教师了解最新的教学理念和方法，提高教师的教学水平和能力。

2. 教学目标不准确

近年来，我国学校体育课程的内容越来越丰富，这无疑是一个积极的趋势，但不可否认的是其也存在个别问题。其中最突出的一点就是受西方竞技体育的影响，部分学校在课程设置上偏向竞技体育项目，而忽视了其他项目的建设。这种偏向并不利于体育教学的全面发展和长远发展。一方面，这会导致其他非竞技体育项目的地位被削弱，不利于这些项目的正常发展和学生兴趣的培养；另一方面，过度强调竞技体育项目也可能导致学生的身体和心理压力增加，不利于他们的健康成长。在具体的教学过程中，个别体育教师把掌握某项运动技术作为主要甚至唯一的目标。这种做法降低了教学的要求和标准，是不合理的，要解决这些问题，需要学校重新审视体育教学理念和方式。首先，学校应该更加注重体育课程的整体性和平衡性，合理设置各类体育项目的比重和内容；其次，学校应该提高教学的要求和标准，让体育教学更加具有挑战性和趣味性；最后，学校应该明确教学目标，让教师和学生都清楚教学的目的和意义，从而提高教学质量和效果。

3. 教学内容与方法单一

目前，在我国学校体育教育中，西方竞技体育项目占据着较大的比重，大部分学生也倾向于选择这些富有趣味性的、刺激性较强的体育项目。这会导致在一定程度上忽略对学生身体素质与个性的培养，不利于学校体育教育的长期发展，与学校体育增强学生体质的目的不相符。

在教学方法方面，较长一段时间以来，我国学校体育教育长期采用讲解、示范、预防与纠正等教学方法，这种方法对于学生初期的学习有不错的效果，但长远来看，不利于学生学习主动权的掌握和自主学习能力的培养与提高。

4. 教学评价舍本逐末

体育教学评价在体育教学中扮演着重要的角色，它不仅是对教师教学和学生学习情况的一个总结和检测，也是提高教学质量和效果的关键环节。然而，如果教学评价舍本逐末，只注重表面现象或者片面地制定评价标准，就会失去其意义和价值，甚至会对教学产生负面影响。首先，教学评价应该以学生的全面发展为核心。在体育教学中，学生的身体素质、技能水平、兴趣爱好和心理健康等方面都是非常重要的评价指标。如果教学评价只关注学生的技能掌握情况或者体能测试结果，而忽视了学生的兴趣爱好和心理健康等更为重要的方面，就会导致教学舍本逐末，失去其全面发展的意义。因此，教学评价应该建立全面、科学的评价标准，以促进学生的全面发展为核心，关注学生多个方面的发展。其次，教学评价应该注重过程和结果的双重评价。在体育教学中，学生的技能掌握情况和体能测试结果固然重要，但学生的学习过程和参与度也是非常重要的评价指标。如果教学评价只关注结果而不关注学生的学习过程和参与度，就会导致学生在学习过程中缺乏动力和参与意识，影响教学效果和质量。因此，教学评价应该建立过程和结果双重评价的标准，关注学生的学习过程和参与度，同时也要注重对结果的评价，以取得全面、客观、准确的评价效果。最后，教学评价应该注重个体差异和个性化发展的评价。在体育教学中，每个学生的身体素质、技能水平和兴趣爱好等都是不同的。如果教学评价采用单一的标准和评价方式，就会忽视学生的个体差异和个性化发展需求，导致教学舍本逐末，失去其个性化和多样化的特点。因此，教学评价应该关注学生的个体差异和个性化发展需求，采用多样化的评价方式和标准，为每个学生提供个性化的指导和帮助，促进学生的全面发展。

5. 教师专业水平不高

目前，我国部分学校体育教师属于技术型、训练型教师，他们的学科理论水平和科研能力相对较弱，专业水平不高，这在一定程度上制约着我国学校体育教育的发展。技术型、训练型教师往往注重实践操作，而容易忽视理论学习，这不利于学生的全面发展。因此，应注重提高教师的学科理论水平和科研能力，从而提高他们的专业水平。

（二）学校体育文化建设方面存在的问题

1. 学校体育物质文化缺乏相应场所

我国地大物博，有着丰富的体育资源，但我国也是一个人口大国，这使我国的人均体育资源相对匮乏。目前我国部分学校的体育运动场馆或设施不能完全满足开展体育教学、课外体育活动、运动训练和竞赛、大型体育文化活动的需求。因此，应加强对学校体育物质文化相应场所的建设。

2. 学校体育精神文化缺乏人文底蕴

学校体育精神文化是非常重要的，对于学生的理想追求、观念转变、道德修养、人格塑造等都会产生重大的影响，但当前我国学校师生的体育观念仍显落后，缺乏人文底蕴，这需要引起相关部门和工作者的重视。

3. 学校体育制度文化缺乏保障机制

学校体育教育的发展离不开必要的制度文化体系，建立和形成完善的学校体育制度文化体系有利于学校体育的发展。以我国高校为例，各所高校基本具备国家下发的成文制度，如《国家学生体质健康标准》《全国普通高等学校体育课程教学指导纲要》《教育部关于进一步加强普通高校高水平运动队建设的实施意见》等。从实际上看，这更多是一种理想化的状态，现实中有部分高校在学校体育长远规划、体育组织机构建设等方面并没有形成一个完善的制度体系，导致学校体育的发展难以得到有效的保障。因此，一定要建立一个有效的制度保障机制，确保学校体育制度文化建设工作的顺利进行。

第三节 体育强国建设与学校体育的关系

体育强国与学校体育之间的关系十分密切，体育强国建设工作的实施离不开学校体育这一重要的基础，而学校体育的建设与发展则有助于推动体育强国梦的实现。

一、学校体育是实现体育强国的战略重点

在开展体育强国建设的过程中，学校体育在其中扮演着十分重要的角色。学校体育不仅是全面推进素质教育的重要突破口和切入点，还是竞技体育和大众体育的重要基础，更是培养学生实现终身体育观念的重要途径，对青少年的健康成

长具有长远的影响。因此，学校体育的发展是实现体育强国梦的基础和前提，不断推进学校体育的建设与发展既有利于体育强国建设的开展，也有利于体育强国目标的实现。

二、学校体育是推动体育强国建设的重要支撑

体育强国建设并不仅仅指竞技体育，同时还包括群众体育、学校体育、体育文化等体育综合实力的提升。学校体育的发展是提升体育综合实力的重要途径之一，在体育强国建设中起着至关重要的作用。随着社会经济的迅速发展和人民生活水平的不断提高，人民群众也越来越注重精神需求和身体健康，而学校体育以人为本，一切从学生的全面发展出发，引导学生树立正确的世界观、人生观、价值观，它的发展直接影响着我国体育的发展。因此，推动我国学校体育的建设与发展对于推动我国体育强国建设的发展具有重要的意义。

三、开展体育强国建设有利于学校体育的深化与改革

在体育强国思想指导下，学校体育不断改革、创新，以学生健康为第一发展目标，充分调动学生参与体育的积极性，培养学生的体育精神，激发学生的爱国情怀。体育强国建设坚持"健康第一""以人为本"等基本理念，有利于学校体育教育的深化与改革，有助于推动学校体育的长远发展。

第四节 学校体育建设实现体育强国的路径

一、宏观路径

（一）确定"健康第一"与"终身体育"的指导思想

随着我国社会的不断发展，健康越来越受到人们的重视，而参加体育运动则是促进身体健康的重要方式。学生作为未来参与社会建设的主力，也应该不断追求健康的生活方式，积极参与体育运动，养成终身参与体育运动的习惯。因此，在体育教学过程中，应该确定"健康第一"和"终身体育"的指导思想。确定"健康第一"的指导思想，要求体育教师在教学过程中把健康知识融入体育课程内容，

指导学生在学习体育技能的同时养成崇尚健康的好习惯。确定"终身体育"的指导思想，要求体育教师正确引导学生科学认识和理解体育的价值，端正学习体育的态度，学会体育锻炼的技能，掌握体育锻炼效果评价的方法，形成终身体育能力，为终身体育锻炼奠定基础。坚持这两个指导思想，有助于实现体育强国建设的目标。

（二）促进学校体育教师的全面发展

体育教师在学校体育中起着主导作用，体育教师综合素质的高低决定着体育课堂教学水平的高低，因此应该不断提高体育教师的综合素质。首先，可以利用寒暑假时间对体育教师进行培训，提高其体育教学能力和科研水平。体育教师要积极参与学习和培训，进行知识更新，充实自己。其次，学校应该不断优化体育教师结构，建立有效的竞争和激励机制，形成一个团结高效的体育教学团队。最后，体育教师要广泛学习教育学、心理学、生理学等学科知识，不断提高自己的知识水平，从而为提高教学质量打下基础。总之，只有不断促进体育教师的全面发展，才能为体育强国建设提供源源不断的动力。

（三）促进学校体育与奥林匹克文化的融合

在学校体育中宣传奥林匹克文化可以有效促进学校体育的发展，形成良好的体育学习氛围。2008年，我国举办了举世瞩目的北京奥运会，在筹办奥运会期间，我国多地学校开展了各式各样的奥林匹克进校园活动，积极将学校体育与奥林匹克文化融合在一起，促进两者的共同发展。

随着学校教育的不断改革，越来越多的教学内容和文化理念进入学校，学校可以制定"学校体育与奥林匹克文化融合发展规划"，将奥林匹克文化教育引入学校体育教育体系当中，提高重视程度，使学校体育成为推动奥林匹克文化发展的重要途径和手段，进而促进学校体育与奥林匹克文化的融合发展。

二、微观路径

（一）优化学校体育教学内容

1. 对教学内容进行创新

第一，突出体育教学内容的科学性与逻辑性。在体育教学课程设计的不同阶段，体育教学内容应符合教育的内在规律和学生的身心发展规律。

第二，重视体育教学内容的多样性和趣味性。一方面，多样性的体育教学内容能为学生提供更多的选择，而不是每个学生都必须学习大量统一的内容；另一方面，增加体育教学内容的趣味性有助于提高学生的学习积极性和主动性，引导学生认识体育教学内容及体育锻炼的价值。

第三，提高体育教学内容的通用性与民族性。通用性是指教学内容具有统一的规范，适用于各种类型的学生，这是现代学校体育教学内容的主要特征。体育教学内容的民族性是指教学内容中应包括学生喜闻乐见、兴趣浓厚、具有明显地方色彩的民族传统体育运动项目。

2. 满足学生体育需求

在当今的教育环境中，学生的主体需求日益受到重视。这种趋势强调了教育应以学生为中心，以他们的需求和兴趣为导向。在学校体育教育中，这一点同样重要。如今，学生的需求已经发生了变化，因此体育教学内容也需要适应这种变化，以学生的主体需求为出发点，有针对性地进行选择和丰富。首先，需要认识到当前学校体育教学主体的需求已经发生了较大的变化。这种变化源于多种因素，包括学生的个人兴趣、生活环境、社会趋势等。例如，随着社会的发展，学生渴望尝试更多新颖、有趣的项目。为此，体育教学应该增加健美操、舞蹈、轮滑等一些趣味性强的项目。这些项目不仅能让学生体验到不同运动的乐趣，还能激发学生的学习兴趣和积极性。例如，健美操和舞蹈等项目可以让学生通过音乐和动作的结合感受到运动的节奏感和艺术感，轮滑等项目可以让学生在速度和平衡中体验到刺激和成就感。这些项目的引入不仅可以丰富体育教学的内容，还可以营造更加生动、活泼的课堂氛围，让学生更加热爱体育。此外，有针对性地增加趣味性强的项目还有助于学生的身心健康和全面发展。这些项目在提高学生身体素质的同时，还可以培养学生的协调性、平衡感和韵律感，在一定程度上帮助学生释放压力、增强自信。

3. 增加健康教育的内容

当前的体育教学应该充分提取、利用教材中的健康教育因素，实现体育与健康教育的结合。在选择体育教材内容时，为了能够有效增强学生体质，可以在体育教学内容中增加有关健康教育的内容。具体来说，就是要增加那些学生乐于参加并且对学生身心健康有利的体育项目，而将难度大、单调枯燥、学生不感兴趣的项目去掉。要以学生身心发展的特点，以及知识和能力的水平为主要依据，对教学内容进行有针对性的安排，从而使教学内容的实用性和趣味性得到有效提高，激发学生的体育学习兴趣。

4.引入新兴体育项目和民族传统体育项目

随着我国社会经济水平的提高,体育事业在我国蓬勃发展,越来越多的体育项目进入我国,因此学校可以在体育教学中引入一些新兴体育项目,如极限飞盘、攀岩、自平衡独轮车、轮滑等。随着2022年北京冬季奥运会的成功举办,有条件的学校也可以在冬季上课时引入冰雪项目,从而吸引学生更好地参与到学校体育中来。

此外,由于我国是一个多民族国家,学校分布在不同的地域,有条件的学校可以引入一些当地民族传统体育项目,既能满足学生的多样化需求、丰富体育教学内容,也能促进我国民族传统体育文化的发展。

5.优化隐性体育教学内容

作为体育教学内容的一个重要组成部分,隐性体育教学内容包含较多具体的方面,其中较为主要的有道德修养、体育精神、思想作风等内容。在体育教学中对学生的纪律观念、集体观念、社会道德水平和意志品质进行积极有效的培养,能对学生产生潜移默化的影响,对于学生体育文化素养和体育道德水平的提高有着积极的促进作用,同时对学生更好地适应激烈的社会竞争也有所助益。因此,不断优化隐性体育教学内容能促进我国学校体育的快速发展。

(二)对学校体育教学方法进行创新

1.避免体育教学方法一成不变

体育教师要克服困难,有效防止体育教学方法单一化,主动提高教学方法的新颖性、实用性、可操作性,有效激发学生的求知欲和积极性,从而最大限度地吸引学生的注意。现阶段,体育教师要改变传统体育教学过度重视技能的灌输式教学方法,从实际出发,彻底打破传统体育教育格局,将教学内容与学生的兴趣爱好密切结合,主动创新并选择能对学生发展产生积极影响的体育教学方法,尽可能地为学生提供一个良好的学习环境和学习氛围,持续不断地激发学生的学习兴趣,使体育教学活动的整体质量和效果得到提高,推动学生养成独立思考、独立分析、积极实践的良好习惯。

2.促使学生全面发展

促使学生全面发展已经成为创新学校体育教学方法的客观要求,所以体育教师要尽全力推动学生的全面发展,保障学生在体育教学活动中能够受到启发和鼓舞。体育教师在开展体育教学活动的过程中,要以不同学生的实际情况为依据,努力寻找与学生发展特征最为符合的发展方向,使每个学生在体育教学活动中都能真正有所收获和成长。

针对以上要求，体育教师要立足学生的实际情况，着眼于学生今后的发展，尽全力为学生的全面发展奠定良好的基础。在选择体育教学方法时，体育教师要将"教会学生做人"作为教学着重点之一，把求知、审美、健体、劳动以及娱乐等方面密切结合，把学生所学的理论知识和生活实践密切结合，把课内教育与课外教育密切结合，推动学生实现多个方面的和谐统一，促进学生的全面发展，从而实现体育强国的目标。

（三）完善学校体育教学评价机制

在学校体育中，成功的体育教学评价可以使学生受到极大的鼓舞，有利于培养学生积极的学习态度，促进学生发挥潜能和提高创造力。此外，还可以检验体育教师的教学效果，促进体育教师改善教学方法和手段，从而促进体育强国建设的不断发展。因此，应该从以下方面对学校体育教学评价机制进行完善。

1. 更新体育教学评价理念

我国的素质教育仍在全力推行中，体育教育是实施素质教育的重要组成部分，因此在进行体育教学评价时，应该更新体育教育理念，将素质教育的要求融入体育教学评价当中，将学生的道德素质、体育文化素质、体育技能素质和身心健康素质等内容都纳入评价体系当中。只有这样才能实现体育教学的目标，促进学生的全面发展。

2. 多维度进行体育教学评价

传统的体育教学往往以学生是否习得体育技能为主要评价指标，但随着体育与健康课程新标准的实施，如今体育课程的学习目标包含运动参与、运动技能、身体健康、心理健康、社会适应健康等多个维度。因此，在进行体育教学评价时，应该从多个维度考虑评价指标，从而形成一个全面的教学评价机制。

3. 采用多元化体育教学评价方法

第一，教师与学生共同评价。传统的体育教学评价以教师评价为主体，这种评价方式不能客观地反映体育教学的实施效果。因此，在评价过程中，应该采取教师对学生的评价、学生对体育教师的评价、学生之间的评价以及学生自评相结合的方法，从而实现评价主体的多元化，提高评价的真实性。

第二，将结果性评价和过程性评价有机结合。在体育教学评价中，不能只进行结果性评价，在对学生通过体育课学习的运动技能水平进行评价时，还应该结合学生在体育学习过程中的态度、情感等因素进行过程性评价。将结果性评价和过程性评价紧密结合起来，可以使体育教学过程变得更加合理，从而提高体育教学的质量。

第三，将整体评价与个体评价有机结合。对于一堂体育课来说，对全体学生学习效果的整体评价，是检验体育教学效果的指标。然而，由于学生身体素质和运动能力的不同，学生在进行体育学习时不可能取得同样的效果，所以教师必须有针对性地对学生进行个体评价。这有利于使学生建立体育学习的信心，使学生对自己的体育学习效果有一个更加清晰的认识，从而更加积极地参与到体育学习中去。

第四，将定性评价和定量评价有机结合。在体育教学评价过程中，要注意将定性评价和定量评价结合起来，既不能只进行定性评价，也不能只追求定量评价。例如，在足球教学中，不能单单以学生颠球数量的多少来判定学生运动水平的高低，而应该结合学生在整个学习过程中的体育参与度、体能水平等内容进行综合判定。在对学生进行专项体能的教学时，应对其跑动的距离、仰卧起坐的数量等有一个明确的要求，从而推动实现体育教学目标。因此，在体育教学评价过程中，一定要注意将定性评价和定量评价结合起来。

4. 建立科学有效的体育教学评价体系

科学有效的体育教学评价体系有助于正确合理地反馈体育教学的质量。传统的体育教学评价体系建立在以运动技能为主的教育价值观上，把运动技能的掌握作为一切教学的出发点和归宿。这不可避免地会导致课堂教学的训练化，使体育教师在课堂上只关注运动技能的传授，而忽视了学生的健康、兴趣、态度、情感等方面的发展。新时代的教育要促进人的全面发展，因此体育教学的评价体系也应该是多层次的，不仅要涉及学生的基础知识、基本技能，还要涉及学生的个性发展、情感性格和实践能力等。另外，体育教学评价应该注重学生学习的过程性，并使用多元化的评价方法，从而促进体育强国建设的发展。

第一，明确体育教学评价的目标是建立科学有效的体育教学评价机制的基础。体育教学评价的目标应该包括以下三个方面：一是促进学生的身心健康和全面发展，提高学生的身体素质和心理素质；二是提高体育教学质量，加强体育教学的管理和监督；三是推动体育教学的改革和发展，促进体育教学的现代化。

第二，体育教学评价的主体应该包括教育行政部门、学校、教师、学生和学生家长等方面。教育行政部门应该加强对学校体育教学的管理和监督，学校应该加强对体育教学的管理和监督，教师和学生应该积极参与体育教学评价，学生家长应该关注学生的体育发展状况并对其提出建议和意见。

第三，采取有效的体育教学评价方法是建立科学有效的体育教学评价机制的核心。有效的体育教学评价方法应该包括以下三个方面：一是注重定量评价和定性评价相结合，全面客观地反映学生的体育发展状况；二是注重过程评价和结果评价相结合，关注学生的学习过程和学习结果；三是注重个体评价和群体评价相结合，关注学生的个体表现和集体协作能力。

第四，不断更新体育教学评价的理念是建立科学有效的体育教学评价机制的重要保障。学校应该树立现代化的体育教学评价理念，注重学生的全面发展和个性化需求，注重体育教学的多样化和多元化，注重评价的公正性和客观性。

参考文献

[1] 易剑东:《体育文化学》,北京体育大学出版社 2006 年版。

[2] 谭华主编:《体育史》,高等教育出版社 2009 年版。

[3] 王祖爵主编:《奥林匹克文化》,中国水利水电出版社 2005 年版。

[4] 石爱桥主编:《民族传统体育概论》,人民体育出版社 2014 年版。

[5] 刘志敏:《促进体育强国与全民健身运动协调发展战略研究》,北京体育大学出版社 2014 年版。

[6] 潘伟杰:《制度、制度变迁与政府规制研究》,上海三联书店 2006 年版。

[7] 秦亚青:《权利·制度·文化:国际关系理论与方法研究文集》,北京大学出版社 2016 年版,第 2 版。

[8] 林尚立:《制度创新与国家成长》,天津人民出版社 2005 年版。

[9] 严红玲:《我国体育法制建设发展中的问题与对策》,《体育与科学》2013 年第 5 期。

[10] 王志文、孙明泽:《体育强国评价指标体系的构建》,《当代体育科技》2014 年第 5 期。

[11] 黄海燕:《我国体育产业结构优化的原则、目标与实施路径》,《体育科研》2012 年第 4 期。

[12] 赵勇:《新时代中国体育产业发展战略路径和对策措施研究》,《体育文化导刊》2018 年第 3 期。

[13] 王爱春:《新常态下我国体育产业发展机遇与战略议》,《黑河学院学报》2018 年第 2 期。

[14] 唐广宁:《我国体育产业的 SWOT 分析及其发展战略研究》,《沈阳体育学院学报》2012 年第 1 期。

[15] 曾志刚、彭勇:《竞技体育文化的几点内涵探析》,《井冈山学院学报(自然科学版)》2006 年第 1 期。

[16] 张恩、李龙:《我国现代竞技体育文化的特征》,《体育学刊》2010 年第 8 期。

[17] 刘为坤、缪佳、鲁梦梦:《论西方竞技体育文化形态之嬗变》,《沈阳体育学院学报》2018 年第 2 期。

[18] 顾春雨、李少丹:《我国竞技体育优势项目形成与发展的历史演进》,《北京体育大学学报》2015 年第 4 期。

[19] 赵甜、仝婉婷:《体育强国背景下学校体育设施建设的发展探析》,《文体用品与科技》2023 年第 23 期。

[20] 李明、韩雨桐:《振兴"三大球"背景下高校足球教学高质量发展的价值与路径研究》,《辽宁体育科技》2023 年第 6 期。

[21] 贾哲睿:《数字体育助推体育强国建设的独特优势》,《武术研究》2023 年第 11 期。

[22] 马良:《第三届全国高校女子体育研讨会召开》,《中华女子学院学报》2023 年第 6 期。

[23] 张海斌:《竞技体育举国体制的理论意涵、历史溯源与时代创新》,《上海体育学院学报》2023 年第 11 期。

[24] 黄海燕、胡佳澍、任波等:《新时代体育强国建设的内涵、任务与路径》,《上海体育学院学报》2023 年第 11 期。

[25] 王艺、刘鹊:《体育强国视域下体育人才核心素养培育策略》,《领导科学论坛》2023 年第 11 期。

[26] 毛余杰、谢林峰、谭文辉:《"体育强国"建设背景下江西省青少年身体素养培养机制研究》,《文体用品与科技》2023 年第 22 期。

[27] 王禹、张凤彪、闵航等:《我国省际群众体育与竞技体育协调发展的时空特征及驱动因素研究》,《体育学研究》2023 年第 5 期。

[28] 刘双红、白冰:《以体育强国建设助力中华民族伟大复兴》,《奋斗》2023 年第 17 期。

[29] 谷瑶:《中国式现代化进程中我国高校体育发展的现实问题与实践进路》,《当代体育科技》2023 年第 25 期。

[30] 王乐、刘莹、李辉:《体育强国视域下高校体育德育研究》,《高教学刊》2023 年第 31 期。

[31] 陈丛刊、王思贝：《中国式体育现代化与人的全面发展》，《河北体育学院学报》2023 年第 6 期。

[32] 肖才坤：《多元融合视域下退役运动员职业转换技能培训体系探究——以转为运动防护师为例》，《当代体育科技》2023 年第 31 期。

[33] 江广和：《"两个大局"背景下我国体育事业发展的根本遵循及实践指向》，《决策与信息》2023 年第 11 期。

[34] 徐耀铎、王成：《中华体育精神的思想政治教育价值与实现路径》，《当代体育科技》2023 年第 25 期。

[35] 冯超：《体育强国建设下我国体育赛事的组织管理优化路径研究》，《文体用品与科技》2023 年第 21 期。

[36] 刘冬冬：《论建设体育强国背景下体育经济的发展策略》，《文体用品与科技》2023 年第 21 期。

[37] 何宜中：《体教融合视域下高校体育教育发展策略探究》，《南昌工程学院学报》2023 年第 5 期。

[38] 张洋源、刘周敏、黄格：《数字经济背景下学校体育场馆发展：内涵、机遇、挑战及发展机理》，《工业建筑》2023 年增刊第 2 期。

[39] 姜维：《体育教育专业乒乓球普修课课程思政实施路径研究》，《贵州师范学院学报》2023 年第 10 期。

[40] 乔桂芬、陆长青、胡烈刚等：《体育强国战略背景下高校体育教育创新与发展路径研究》，《体育世界》2023 年第 10 期。

[41] 张楠、苏珍珍：《体育强国背景下高校体育文化及其建设》，《中国高校科技》2023 年第 10 期。

[42] 武秋言、蔡艺：《中国共产党领导女性体育工作的历程回顾及经验启示》，《武术研究》2023 年第 10 期。

[43] 杨洪伟：《建设体育强国背景下乡村体育高质量发展的实践研究》，《当代体育科技》2023 年第 30 期。

[44] 杨璐璐：《体育强国视角下体育产业发展模式创新研究》，《当代体育科技》2023 年第 30 期。

[45] 单萌：《体教融合背景下高校排球公体课创新发展的时代诉求、价值定位与

基本理念》,《体育科技文献通报》2023年第10期。

[46] 柴王军、王睿:《中国式现代化体育强国的内涵特征、体系架构、践行原则与推进路径》,《天津体育学院学报》2023年第5期。

[47] 赵富学:《中国式现代化视域下体育助推中华民族伟大复兴的特质考量与理路探索》,《天津体育学院学报》2023年第5期。

[48] 岳游松:《中华体育精神的话语流变、实践原则及实现路径》,《天津体育学院学报》2023年第5期。

[49] 姜熙:《中国式现代化进程中的中国特色体育法治体系建设论绎》,《天津体育学院学报》2023年第5期。

[50] 戚宇凡、高红云、张辉:《共同体视域下我国体育学研究热点的可视化分析》,《文体用品与科技》2023年第20期。

[51] 陈姗、田磬:《中国式体育现代化话语体系的内涵要义、历史生成与体系建构》,《武汉体育学院学报》2023年第10期。

[52] 叶勤:《新时代中国式现代化体育发展路径研究》,《文体用品与科技》2023年第20期。

[53] 李敏:《我国体育产业发展现状及对策研究》,《文体用品与科技》2023年第20期。

[54] 向云平、张小林:《体育强国战略视域下民族传统体育文化的价值意蕴与弘扬路径》,《郑州轻工业大学学报(社会科学版)》2023年第5期。

[55] 赵树桐、金庆凯、汪承平:《大别山红色体育文化传承与利用研究》,《皖西学院学报》2023年第5期。

[56] 崔伟:《以体育德:新时代高校落实立德树人根本任务的新探索》,《体育教育学刊》2023年第5期。

[57] 李新升:《体教融合背景下体育后备人才培养现状探析》,《教育教学论坛》2023年第41期。

[58] 马媛:《高等院校体育专业免费师范生英语学习观念研究——以宁夏师范学院为例》,《西部素质教育》2023年第19期。

[59] 吴彰忠、钟亚平、周易文等:《数字赋能构建更高水平全民健身公共服务体系——基于多学科视角的模型构建》,《体育学刊》2023年第6期。

[60] 董方:《百年来党推动国家体育事业发展的历程、成就与经验》,《边疆经济与文化》2023 年第 10 期。

[61] 康琦:《新时代公共体育服务体系高质量发展研究》,《当代体育科技》2023 年第 28 期。

[62] 管迪:《新时代我国群众体育赛事发展困境与突破路径研究》,《文体用品与科技》2023 年第 19 期。

[63] 孟欣:《体育强国建设背景下街头田径赛事发展现状与优化策略研究》,《文体用品与科技》2023 年第 19 期。

[64] 刘贝:《习近平关于冰雪运动重要论述的理论缘起、价值意蕴及实践路径》,《南京体育学院学报》2023 年第 9 期。

[65] 宋佳静、余蓉晖、元丁:《"体育强国"视域下红色体育文化融入高校体育课程思政研究》,《哈尔滨体育学院学报》2023 年第 5 期。

[66] 张磊:《中国式现代化进程中体育"故事化叙事"的功能与实践——江苏省社科联党组书记张新科教授专访》,《体育与科学》2023 年第 5 期。

[67] 郝玮:《从我国体育产业嬗变历程看数字技术赋能及其政策取向》,《体育与科学》2023 年第 5 期。

[68] 张宝强、史进:《红色体育的时代价值与传承模式研究》,《咸阳师范学院学报》2023 年第 5 期。

[69] 李鹏飞:《体育强国背景下西安市篮球特色高中校园篮球文化建设研究》,西安体育学院 2023 年硕士学位论文。

[70] 李成倩:《"体育强国"建设背景下西安市少儿体适能培训机构现状研究》,贵州民族大学 2022 年硕士学位论文。

[71] 郑贺源:《体育强国建设下哈尔滨市开展群众篮球运动的实施途径研究》,哈尔滨体育学院 2022 年硕士学位论文。

[72] 李梦芦:《体育强国建设背景下青海赛马活动发展研究》,青海师范大学 2022 年硕士学位论文。

[73] 戴琛:《新时代体育强国建设背景下长沙市芙蓉区社区体育发展研究》,湖南师范大学 2022 年硕士学位论文。

[74] 张瑞宁:《体育强国建设背景下我国反兴奋剂治理体系构建研究》,北京体育

大学 2023 年硕士学位论文。

[75] 刘碧莹:《体育强国建设背景下群众田径评价指标体系研究》,北京体育大学 2023 年硕士学位论文。

[76] 孔莹:《体育强国建设背景下我国体育经纪人发展现状及对策研究》,哈尔滨体育学院 2021 年硕士学位论文。

[77] 高昭民:《体育强国建设背景下竞技体育后备人才管理体制改革研究——以临汾市为例》,山西师范大学 2022 年硕士学位论文。

[78] 熊颖:《体育强国建设背景下地方性单项体育协会改革研究——以成都市足球协会为例》,西南财经大学 2022 年硕士学位论文。

[79] 王东、周仕兴、王瑾雯:《教体融合为体育强国建设抹上青春色彩》,《光明日报》2023 年 11 月 16 日第 9 版。

[80] 杨飒、宋巍:《为体育强国建设锻造生力军》,《光明日报》2023 年 10 月 26 日第 9 版。

[81] 邓君、胡乐然、徐春梅:《为体育强国建设注入法治动能》,《法治日报》2023 年 10 月 19 日第 7 版。

[82] 许晨星:《全民健身让体育成为"刚需"》,《团结报》2023 年 8 月 8 日第 4 版。

[83] 钟超、李晓东、吴娜等:《科技创新驱动体育强国建设》,《光明日报》2023 年 8 月 4 日第 5 版。

[84] 郭书武:《体育强国的新乡实践》,《新乡日报》2022 年 11 月 9 日第 1 版。